Anke und Carl Buttler

Die Textarbeit

Arbeitsbuch

Illustriert von
Susanne Wendland

Reihe
PRAXIS
Aufsatz

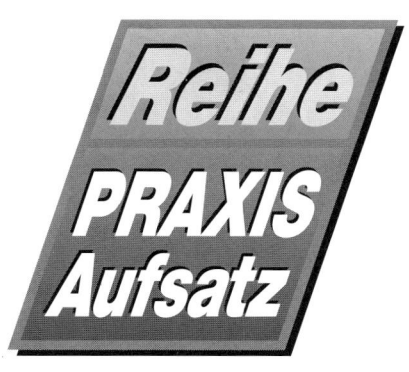

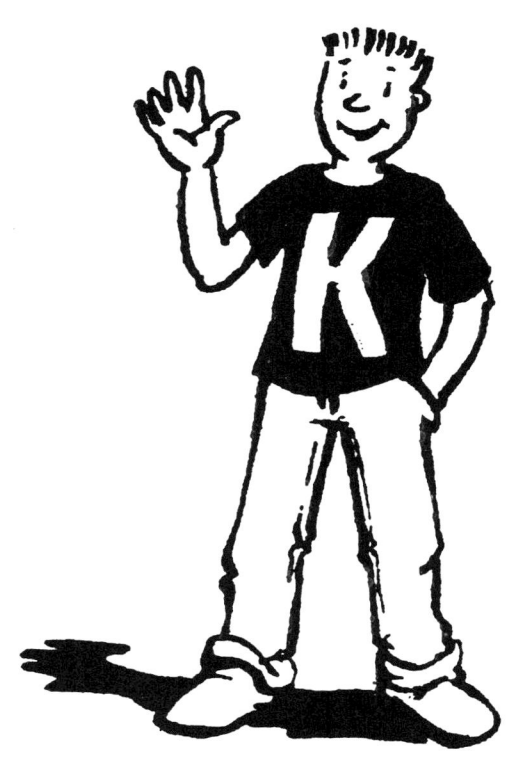

Auer Verlag GmbH

Gedruckt auf umweltbewusst gefertigtem, chlorfrei gebleichtem
und alterungsbeständigem Papier

2. Auflage. 2001
© by Auer Verlag GmbH, Donauwörth
Nach der Neuregelung der deutschen Rechtschreibung
Alle Rechte vorbehalten
Umschlag: Josef Kinzelmann, Asbach-Bäumenheim
Gesamtherstellung: Ludwig Auer GmbH, Donauwörth
ISBN 3-403-02763-5

Inhalt

Vorwort 4

Sorgentelefon für die Jugend 6
Text – Arbeitsaufträge – Lösungsmöglichkeiten der einzelnen Arbeitsaufträge – Das Stichwortgerüst: Einfälle sammeln – Das Aufsatzgerüst: Redensweisen erklären – einen Text formulieren – Das Stichwortgerüst: nach Leitfragen schreiben – Das Aufsatzgerüst: Stellung nehmen

Praktische Ratschläge 14
Themenauswahl – Bearbeitung der Arbeitsaufträge – Die Stoffsammlung – Die W-Fragen – Das Stichwortgerüst (Schema) – Die Einleitung bei einem längeren Aufsatz – Der Hauptteil eines längeren Arbeitsauftrages – Das Aufsatzgerüst (Schema) – Die Überarbeitung der Textarbeit – Einige Tipps vor der Reinschrift – Die Endarbeiten – Zum Schluss – Typische Arbeitsaufträge und ihre Bedeutung

Die Aufsatztypen in der Textarbeit 20
Der persönliche Brief – Der sachliche Brief – Der Leserbrief – Der Aufruf – Der Bericht – Wichtige Tipps für einen Erlebnisbericht – Das Interview – Die Wandzeitung – Die Erörterung

Mit Robotern leben 26
Text – Arbeitsaufträge – Lösungsmöglichkeiten der einzelnen Arbeitsaufträge – Das Stichwortgerüst: wichtige Stichpunkte finden – Schreibbeispiel – wörtliche und übertragene Bedeutung – Das Stichwortgerüst – Das Aufsatzgerüst – Oberbegriffe finden – Zusammenfassen – Eine Gliederung erstellen – Sätze verbessern (Bindewörter, Wortarbeit) – Das Stichwortgerüst: Einfälle sammeln – Das Aufsatzgerüst: einen Text formulieren – Musterbeispiel eines Stichwortgerüsts – Musterbeispiel eines Aufsatzgerüsts

Raser sollen blechen 42
Text – Arbeitsaufträge – Lösungsmöglichkeiten der einzelnen Arbeitsaufträge – Begriffe klären – Das Stichwortgerüst: Stoffsammlung – Das Aufsatzgerüst: einen Text zu Ende schreiben – Das Stichwortgerüst: Argumente sammeln – Das Aufsatzgerüst: einen Aufruf verfassen – Formulierungshilfen – Einen Leserbrief schreiben

Blauer Dunst – Schein und Wirklichkeit ... 48
Text – Arbeitsaufträge – Lösungsmöglichkeiten der einzelnen Arbeitsaufträge – Ein Interview führen (Fragen stellen, Umwandeln: indirekte Form in direkte Form) – Wortfelder „fragen" – „sagen" – „antworten" – Das Stichwortgerüst: ein Interview entwerfen – Eine logische Reihenfolge finden – Das Aufsatzgerüst: das Interview – Das Stichwortgerüst: einen Kurzbericht entwerfen – Schreibbeispiel – Das Aufsatzgerüst: einen Kurzbericht schreiben – Das Aufsatzgerüst: einen Brief schreiben

Vorurteile 60
Text – Arbeitsaufträge – Lösungsmöglichkeiten der einzelnen Arbeitsaufträge – Das Stichwortgerüst: eine Definition entwickeln – Das Aufsatzgerüst: eine Definition finden – Formulierungshilfen – Das Stichwortgerüst: Vorurteile aufspüren – Schreibbeispiel – Das Aufsatzgerüst: einen Bericht schreiben – Das Stichwortgerüst: Stoffsammlung – Das Aufsatzgerüst: einen Text schreiben – Schreibbeispiel – Anschlussthema

Kinder machen Autoklau zum Nervenkitzel 70
Text – Arbeitsaufträge – Lösungsmöglichkeiten der einzelnen Arbeitsaufträge – Das Stichwortgerüst: Stichpunkte herausschreiben – Satzteile umformulieren – Das Aufsatzgerüst: Stichpunkte kürzen – Das Stichwortgerüst: Stichpunkte suchen – Aus Stichwörtern einen Bericht verfassen – Schreibbeispiele – Das Aufsatzgerüst: Einen Text verfassen

Computer-Sabotage 78
Text – Arbeitsaufträge – Lösungsmöglichkeiten der einzelnen Arbeitsaufträge – Begriffe klären – Zeichen und Abkürzungen lesen – Das Stichwortgerüst: Signalwörter suchen – Das Aufsatzgerüst: zusammenfassen – Schreibbeispiele vergleichen – Eine Grafik lesen – Schreibbeispiele – Eine Grafik in einen Text umwandeln – Das Stichwortgerüst: Stoff für einen Leserbrief sammeln – Eine treffende Überschrift finden – einen Leserbrief verfassen – Das Aufsatzgerüst: einen Bericht schreiben

Anhang: Lösungsvorschläge 90

Vorwort

Liebe Schülerin, lieber Schüler,

mancher von euch stöhnt vielleicht, wenn er das Wort „Aufsatz" hört. Aber das muss nicht so sein!

Die Reihe „Aufsatz – Spezial" zeigt dir, wie du auf leichte Art die Technik der verschiedenen Aufsatzarten lernst. Denn jede Aufsatzart verlangt eine ganz bestimmte Vorgehensweise. Diese Reihe behandelt alle wichtigen Aufsatzarten und ist unabhängig von einer bestimmten Jahrgangsstufe und Schulart.

Durch die neue **WESA-Methode** lernst du, wie du einen Aufsatz anfangen, bearbeiten und schreiben kannst.

Die **WESA-Methode** stützt sich auf drei Schwerpunkte:
- **W** für **W-Fragen und Wortfelder,**
- **S** für **Stichwortgerüst** und
- **A** für **Aufsatzgerüst**.

In diesem Band wirst du die **WESA-Methode** kennen lernen und ständig mit ihr arbeiten. Dabei lernst du wirklich die Technik des Aufsatzschreibens und kannst mit dieser Methode alle Aufsatzthemen bearbeiten.

Im Mittelpunkt dieses Bandes steht die Aufsatzform „Textarbeit". Dahinter verbirgt sich eine Aufsatzform, die im Unterricht immer wieder vorkommt. Bei dieser Aufsatzform kommt es darauf an:

- Alltagssituationen schriftlich zu bewältigen
- Sachlich und folgerichtig zu informieren
- Sachverhalte verkürzt wiederzugeben
- sich mit Problemen auseinander zu setzen

In diesem Buch werden Themen behandelt, die Jugendliche interessieren. Dabei geht es darum, sich mit einem Text auseinander zu setzen, um eine eigene Meinung zu finden und zu bilden. Dazu gibt es viele Regeln und Tipps. Wenn du sie kennst und anwendest, dann kann das Aufsatzschreiben auch dir großen Spaß bereiten. Die Themen werden Schritt für Schritt erarbeitet. Viele Übungen begleiten die einzelnen Themen. In ganz unterschiedlichen Arbeitstechniken werden verschiedene Aufsätze erschlossen. Schreibbeispiele zeigen dir immer wieder, wie du schreiben kannst.

Arbeite dieses Buch konzentriert durch und schreibe die Antworten hinein.

Wir wünschen dir viel Spaß beim Lernen mit diesem Buch.

Die Autoren

Ich heiße: _____
Vorname   Nachname

Ich wohne in: _____
Straße   Hausnummer

_____
Postleitzahl   Ort

Einführung in die Textarbeit

Einführung in die Textarbeit

Tagtäglich hast du mit gedruckten Texten zu tun. In welcher Form? Umrahme zutreffende Beispiele und streiche Nichtzutreffendes durch.

persönlicher Brief – Zeitungstext – Buchtext – Radiosendung – Werbetext – Sachtext – gedruckter Brief – Werbebrief – Postwurfsendung – Nachrichtensendung – Buch – Text im Schulbuch

Häufig geht es darum, dass du dich mit einer bestimmten Sache auseinander setzt. Prüfe einmal nach, welche Texte du in der vergangenen Woche gelesen hast (Sachtext, literarischer Text, usw.)

Wo?   Text (Was?)

Mit welchen Texten hast du dich in der vergangenen Zeit näher auseinander gesetzt? (Sachtext)

Text (Wo – Was?)   Inhalt/Problem

Sicherlich ist dir aufgefallen, dass jeder von uns täglich mit einer Flut von Texten konfrontiert wird. Alle kann man gar nicht lesen, manche wird man nur überfliegen, andere liest man vielleicht mehrmals durch. Diese sollte man dann aber auch konzentriert lesen, um die wichtigen Informationen „herauszufiltern" und/oder sich mit ihnen zu beschäftigen, d. h. sich mit ihnen auseinander zu setzen. In diesem Buch lernst du das an vielen Beispielen. Der Schwerpunkt liegt hier bei Sachtexten.

Sorgentelefon für die Jugend

Nummer gegen Kummer

Saarbrücken – Ob „Zoff mit der Familie", Schwierigkeiten in der Schule oder in der Freundschaft – immer mehr Jugendliche wenden sich mit ihren Sorgen und Nöten an eines der zahlreichen Jugendtelefone in der Bundesrepublik.

Im vergangenen Jahr erreichten etwa 70 000 Hilferufe von Kindern und Jugendlichen die Sorgentelefone der Bundesarbeitsgemeinschaft Kinder- und Jugendtelefon. Diese Anrufe werden von speziell dafür geschulten ehrenamtlichen Mitarbeiterinnen und Mitarbeitern entgegengenommen. Viele Kinder und Jugendliche möchten ganz einfach einmal Dampf ablassen, berichtete die Sprecherin dieser Bun-
5 desarbeitsgemeinschaft.
Bei anderen Gesprächen möchten Kinder und Jugendliche persönliche Probleme lieber mit einer fremden Person als mit einer Bezugsperson besprechen. Dabei werde versucht, eine gemeinsame Lösung zu finden. Das Wichtigste sei aber, „jungen Menschen zuzuhören und sie ernst zu nehmen". Dies würden Kinder und Jugendliche häufig nicht im näheren Umfeld vorfinden.
10 Nach den Erfahrungen fühlen sich Kinder und Jugendliche häufig isoliert. Sie seien unsicher, ob ihre Entscheidungen richtig seien. Die Arbeitslosigkeit von Eltern und der Streit der Eltern untereinander seien ebenfalls wichtige Probleme. Der Frust und die Unzufriedenheit der Erwachsenen würden dann an den Kindern und Jugendlichen als schwächstes Glied in der Familie ausgelassen. Sie hätten viel auszubaden, wofür sie eigentlich gar nicht verantwortlich seien.
15 Bei den Telefongesprächen hätten viele junge Anrufer Angst zu sagen, wo sie der Schuh drückt. Erst nach einfühlsamen Nachfragen wäre auch die Angst spürbar, dass Eltern oder Lehrer von ihren Problemen erfahren würden. Immer wieder müssten die geschulten Mitarbeiter ihnen versichern, dass Eltern und Lehrer kein Sterbenswörtchen erfahren würden. Danach erst öffnen sich die jungen Menschen und würden offen reden.
20 Das Sorgentelefon wird überwiegend vom Deutschen Kinderschutzbund getragen und muss ohne öffentliche Zuschüsse auskommen. Deshalb kann es nicht durch große Werbung auf sich aufmerksam machen.

Gleich zu Beginn geben wir dir einen wichtigen Tipp.

☞ *Ein Tipp:*

- Lies zuerst den Text und danach die Arbeitsaufträge konzentriert durch.

Was meinst du dazu? Schreibe deine Meinung in einigen Sätzen auf. Begründe auch.

_____

_____

_____

_____

_____

Am linken Rand der Textvorgabe sind Zeilennummern. Sie erleichtern das Auffinden einer bestimmten Textstelle. Bei manchen Arbeitsaufträgen kann man darauf Bezug nehmen.
Sicherlich weißt du, dass zu einer Textarbeit Arbeitsaufträge mit einem Punktsystem gehören, die du bearbeiten musst. Dazu geben wir dir später einige Tipps. Vorläufig brauchst du dich also um diese Punkte nicht zu kümmern. Die Arbeitsaufträge werden in diesem Buch bei jedem Thema nach und nach in kleinen Schritten behandelt.

Sorgentelefon

Arbeitsaufträge:

Punkte

1. Wie oft wurden die Sorgentelefone angewählt?
   1

2. Erkläre in Stichpunkten die folgenden Begriffe:
   a) Zoff   b) Frust   c) Hilferuf   d) Bezugsperson
   2

3. Erkläre die folgenden Redensweisen in einem Satz und bringe ein Beispiel dazu.
   a) Dampf ablassen
   b) etwas ausbaden
   c) das schwächste Glied sein
   d) wo der Schuh drückt
   e) kein Sterbenswörtchen erfahren
   5

4. Fasse den Inhalt des ersten Absatzes in einem Satz zusammen.
   3

5. Wie helfen die Mitarbeiterinnen und Mitarbeiter den Anrufern? Finde noch eine weitere Möglichkeit.
   3

6. Fasse den Text mit eigenen Worten zusammen.
   5

7. Nimm Stellung zu dem Text und gehe vor allem auf die Ursachen der Anrufe ein (Umfang ca. eine Seite).
   9

   ___
   28

Lösungsmöglichkeiten der einzelnen Arbeitsaufträge

Im folgenden Abschnitt geben wir dir Hilfen zu den einzelnen Arbeitsaufträgen.

Arbeitsauftrag 1:

Wie oft wurden die Sorgentelefone angewählt?

Lösungshilfe: Im Text findest du einen entsprechenden Hinweis. Schreibe als Satz.

Arbeitsauftrag 2:

Erkläre in Stichpunkten die folgenden Begriffe:
a) Zoff   b) Frust   c) Hilferufe   d) Bezugsperson

Lösungshilfe: Damit du es leichter hast, geben wir dir unten Möglichkeiten vor. Einige stimmen nicht. Streiche sie durch. Vielleicht findest du aber auch bessere Erklärungen. Wenn ein Begriff mehrere Bedeutungen hat, solltest du die Bedeutung heraussuchen, die zu diesem Text passt.

Anfrage, Ansprechpartner, Ärger, Aufschrei, Betroffenheit, Eltern, Enttäuschung, Chef, Frage, Frustration, Lehrer(in), letzte Möglichkeit, Mitarbeiter, Mutter, Notruf, Streit, Unfrieden, Vater, Freund(in)

a) Zoff

b) Frust

c) Hilferuf

d) Bezugsperson

☞ *Einige Tipps:*

- Da Worterklärungen häufig in einer Textarbeit vorkommen, empfehlen wir dir das *„Wörterbuch der Synonyme und Antonyme"*, Fischer Taschenbuch, Nr. 10224. Es ist ein gutes Wörterbuch, das deinen mündlichen und schriftlichen Ausdruck schult. Aus ihm stammen auch viele Synonyme (bedeutungsgleiche oder -ähnliche Wörter) und Ausdrucksübungen dieses Buches.
- Wenn ein Begriff mehrere Bedeutungen hat, solltest du stets nur die Bedeutung heraussuchen, die zu diesem Text passt, es sei denn, du sollst mehrere Bedeutungen aufzählen. Auch hier hilft dir dieses Wörterbuch immer weiter, denn es bringt die einzelnen Sinnbereiche.
- Bei den Arbeitsaufträgen solltest du immer auf den Text Bezug nehmen.

Arbeitsauftrag 3:

Erkläre die folgenden Redensweisen in einem Satz und bringe ein Beispiel dazu.
a) **Dampf ablassen**
b) **etwas ausbaden**
c) **das schwächste Glied sein**
d) **wo der Schuh drückt**
e) **kein Sterbenswörtchen erfahren**

Lösungshilfe: Am besten ist es, wenn du dich auf den Text beziehst. Denke daran, dass du jeweils nur ein Beispiel anführen sollst.

Das Stichwortgerüst: Einfälle sammeln

Sicherlich kennst du das Stichwortgerüst bereits aus den anderen Bänden dieser Aufsatzreihe. Im Stichwortgerüst werden Informationen oder Einfälle zu einer Arbeitsfrage stichpunktartig gesammelt und später für das Aufsatzgerüst verwendet. Am besten ist es, wenn du ein DIN-A 4-Blatt für das Stichwortgerüst nimmst. Teile es in so viele Teile ein, wie eine Textarbeit Arbeitsfragen hat. Da wir in diesem Buch Schritt für Schritt vorgehen und die Arbeitsfragen nach und nach behandeln, ist es für dich übersichtlicher, wenn dieses Stichwortgerüst nicht auf einer ganzen Seite erscheint. Dann brauchst du nämlich nicht immer zu blättern und verlierst nicht die Übersicht.

Trage also in das Stichwortgerüst deine Einfälle ein.

```
Dampf ablassen _____

etwas ausbaden _____

das schwächste Glied sein _____

wo der Schuh drückt _____

kein Sterbenswörtchen erfahren _____
```

An dieser Stelle möchten wir dir auch das Aufsatzgerüst vorstellen. Sicherlich kennst du das Aufsatzgerüst aus den anderen Bänden dieser Aufsatzreihe. Während im Stichwortgerüst Material in unterschiedlichen Formen gesammelt wird, wird dieses im Aufsatzgerüst geordnet und ausführlicher geschrieben. Es werden auch schon Formulierungen verwendet, die dann bei der endgültigen Fassung eines Aufsatzes angewandt werden. – Formuliere nun anhand des Stichwortgerüstes einen Satz. Schreibe am besten mit Bleistift, damit du verbessern kannst. – Es kann durchaus sein, dass dein Aufsatzgerüst bereits Sätze oder Absätze enthält, die schon so „perfekt" sind, dass du sie im Aufsatz verwenden kannst. In diesem Fall kannst du durchaus die Endformulierung aufschreiben.

Sorgentelefon

Das Aufsatzgerüst: Redensweisen erklären

Schreibe jetzt im Aufsatzgerüst Sätze und bringe ein treffendes Beispiel dazu. In diesem Fall kann das Beispiel aus dem Text oder aus einem anderen Bereich sein.

```
Dampf ablassen _____

etwas ausbaden _____

das schwächste Glied sein _____

wo der Schuh drückt _____

kein Sterbenswörtchen erfahren _____
```

Arbeitsauftrag 4:

Fasse den Inhalt des ersten Absatzes in einem Satz zusammen.

_____
_____
_____

Arbeitsauftrag 5:

Wie helfen die Mitarbeiterinnen und Mitarbeiter den Anrufern? Finde noch eine weitere Möglichkeit.

Lösungshilfe: Im Text findest du dazu eine Möglichkeit. Schreibe als Satz, aber mit eigenen Worten.

_____
_____
_____
_____

Soll ich dir die „Nummer gegen Kummer" verraten? Es ist: (08 00) 1 11 03 33 Die Nummer ist kostenlos! Mo.–Fr. 15–19 Uhr Das ist doch ein prima Tipp, oder?

Arbeitsauftrag 6:

Fasse den Text mit eigenen Worten zusammen.

Lösungshilfe: Beim Arbeitsauftrag 4 hast du schon etwas vorgearbeitet. Bei diesem Arbeitsauftrag solltest du weiter kürzen und die Zusammenfassung mit einbauen. Hierbei ist es hilfreich, in den jeweiligen Absätzen die wichtigsten Wörter herauszusuchen. Wir nennen sie „Signalwörter". Unterstreiche sie im Text und übertrage sie in das Stichwortgerüst. Formuliere mit diesen dann im Aufsatzgerüst einen kurzen zusammenfassenden Text. Dass das schwierig ist, ist klar.

Das Stichwortgerüst: Arbeitsauftrag Nr. 6

1. Absatz – wichtige Stichpunkte: _____

2. Absatz – wichtige Stichpunkte: _____

3. Absatz – wichtige Stichpunkte: _____

4. Absatz – wichtige Stichpunkte: _____

5. Absatz – wichtige Stichpunkte: _____

Damit dir die folgenden Arbeitsaufträge leicht fallen, geben wir dir ein paar Tipps.

☞ *Einige Tipps:*

- Eine Zusammenfassung ist nichts anderes als eine Inhaltsangabe.
- Fertige eine Stoffsammlung im Stichwortgerüst an, z. B. in Form von Stichworten.
- Wenn du zusammenfassen sollst, ist es hilfreich, in den jeweiligen Absätzen die wichtigsten Wörter herauszusuchen. Wir nennen sie „Signalwörter" oder „Schlüsselwörter", weil sie wie ein Signal eine Wirkung erzeugen sollen oder wie ein Schlüssel die Lösung eines Problems sein können.
- Unterstreiche sie im Text und übertrage sie in das Stichwortgerüst.
- Formuliere damit dann im Aufsatzgerüst einen kurzen zusammenfassenden Text.
- Fasse dabei die wichtigsten Aussagen kurz zusammen.
- Bringe am Anfang die Kernaussage.
- Die Gliederung ergibt sich häufig aus den einzelnen Absätzen.
- Aus der Punktzahl kannst du in etwa entnehmen, wie viel du schreiben sollst. Ein Anhaltspunkt: Wenn du pro Punkt zwei Sätze einplanst, liegst du meist richtig.
- Schreibe die Inhaltsangabe in einem sachlichen Stil.
- Beachte dabei die zeitliche und logische Reihenfolge.
- Die Zeitstufe ist die Gegenwart.
- Überprüfe deinen Entwurf hinsichtlich ihres inhaltlichen und sprachlichen Zusammenhanges. Verbessere noch im Aufsatzgerüst, bevor du in Reinschrift schreibst.

Sorgentelefon

Das Aufsatzgerüst: einen Text formulieren

Formuliere jetzt im Aufsatzgerüst einen zusammenhängenden Text. Halte dich dabei an die Signalwörter im Stichwortgerüst. Bringe aber keine Kommentare, denn hier wird nicht nach deiner Meinung gefragt.

Hanne schreibt:

Der Artikel „Sorgentelefon für die Jugend" berichtet, dass Kinder und Jugendliche ein so genanntes Sorgentelefon des Deutschen Kinderschutzbundes anrufen können, um sich auszusprechen, wenn sie in Not sind und Hilfe brauchen. Am Telefon erhalten sie dann Rat und Hilfestellung bei Problemen im näheren Umfeld. Natürlich sind die Anrufe anonym. Weder Eltern noch Lehrer erfahren etwas.

Ist diese Zusammenfassung gelungen? – Bringt sie die wichtigsten Punkte?

Arbeitsauftrag 7:

Nimm Stellung zu dem Text und gehe vor allem auf die Ursachen der Anrufe ein (Umfang ca. eine Seite).

Lösungshilfe: Wenn du Stellung nehmen sollst, kommt es auf *deine* Meinung an. In Kurzform hast du das bereits ganz am Anfang gemacht, als du um deine Meinung zum Text gefragt wurdest. Für eine ausreichende Stellungnahme reicht das natürlich nicht aus. Aus der Punktzahl (9 Punkte) und der weiteren Vorgabe (Umfang ca. eine Seite) weißt du, wie viel du schreiben musst. Natürlich ist das ganz schön viel, denkst du vielleicht. Aber aus den anderen Bänden dieser Reihe weißt du, dass dir die W-Fragen dabei helfen. Du kennst sie doch noch? Umkreise die W-Fragen, die besonders wichtig sind.

Wer?   **Wie?**   **Wann?**   **Was?**   **Wo?**   **Warum?**

Das Stichwortgerüst: nach Leitfragen schreiben

Im Stichwortgerüst werden Informationen oder Einfälle zu einer Arbeitsfrage stichpunktartig gesammelt und später für das Aufsatzgerüst verwendet. Denke an die W-Fragen. Trage also in das Stichwortgerüst deine Einfälle ein. Lies den Text aufmerksam durch! Unterstreiche die entsprechenden Textstellen, zu denen du Stellung nehmen willst.
Ein paar Leitfragen oder Leitgedanken helfen dir sicherlich.
– Denke am Anfang an die Was-Frage: Was wird geschrieben?
– Wie viele Kinder und Jugendliche rufen an? – Deine Meinung dazu?
– Warum riefen sie an? – Finde möglichst noch weitere Gründe.
– Ursachen können sein: ...
– Wie fühlen sich die Anrufer vorher? – Beschreibe und bringe Beispiele.
– Wo haben sie Probleme? – Gehe näher darauf ein.
– Wer hilft ihnen weiter? Wer kann ihnen sonst noch weiterhelfen?
– Meine Meinung dazu.

Was? _____

Wie viel? _____

Warum? _____

Ursachen: _____

Wie? _____

Wo? _____

Wer? _____

Ursachen: _____

Meine Meinung: _____

Das Aufsatzgerüst: Stellung nehmen

Formuliere nun anhand des Stichwortgerüstes einen zusammenhängenden Text. Schreibe am besten mit Bleistift, damit du verbessern kannst.

Beim Verfassen eines Textes helfen dir Wendungen wie:
Ich finde, dass ... – Meiner Meinung nach – Der Verfasser ... – Dem Bericht zufolge ... – Nach Meinung des Autors / Schreibers / Berichterstatters / Verfassers ... – Wie es im Text heißt, ... – Der Verfasser behauptet / meint / glaubt / will damit zum Ausdruck bringen, ... – Nach Angaben des Verfassers / Autors ... – Wie ausführlich / umfassend dargelegt wurde, ... – Beim Lesen des Textes fiel mir auf, ...

Praktische Ratschläge

In diesem Kapitel findest du viele praktische Ratschläge, die für die Bearbeitung von Textarbeiten sehr wichtig sind. Wenn du diese kennst, fällt dir die Bearbeitung von Textarbeiten sicherlich leichter. Weil diese Hinweise sehr wichtig sind, geschieht das ausführlich. Präge dir die Ratschläge also ein.

1. Themenauswahl

Manchmal hast du verschiedene Themen zur Auswahl. Die Wahl des richtigen Themas kann ausschlaggebend für die Note sein. Daher sind die folgenden Ratschläge wichtig.

Denke daran:
– Lies die Texte in aller Ruhe konzentriert durch.
– Überlege bei den Arbeitsaufträgen, zu welchem Thema du am meisten schreiben kannst.
– Wähle dann die Textarbeit aus, deren Bearbeitung dir am leichtesten fällt.

2. Bearbeitung der Arbeitsaufträge

Nachdem du dich für einen Text entschieden hast, kommt es darauf an, die Arbeitsaufträge richtig zu beantworten. Aus der Punktzahl kannst du in etwa schließen, wie viel Text verlangt wird. Lege am besten die Arbeitsaufträge neben den Text, damit du die entspechenden Textstellen schnell findest. Lies dann den Text und die Aufgaben noch einmal konzentriert durch und gehe die einzelnen Aufgaben Schritt für Schritt nacheinander an. Die WESA-Methode hilft dir dabei in besonderer Weise, denn mit den W-Fragen, dem Stichwortgerüst und dem Aufsatzgerüst kannst du jede Textarbeit bearbeiten.

3. Die Stoffsammlung

Die größte Schwierigkeit am Anfang liegt immer darin, genügend „Stoff" zu finden. Mit dem Stichwortgerüst hast du aber ein „Grundgerüst", mit dem du immer arbeiten kannst.
– Nimm also ein DIN-A 4-Blatt und teile es dir ein.
– Am besten ist es, wenn du dir oben eine extra Spalte setzt und unter „Wichtig!" alles hineinschreibst, worauf du achten musst, willst oder solltest.
– Teile dir das Blatt in so viel Teile ein, wie Arbeitsaufträge vorgegeben sind.
– Lasse Platz für die Einleitung und für den Schluss.
– Wir empfehlen dir, in jeden Absatz ein großes „W" für die W-Fragen hineinzuschreiben, damit du sie nicht vergisst. Denn mit den W-Fragen kannst du immer arbeiten und argumentieren.
– Schreibe alles, was dir einfällt, in das Stichwortgerüst. „Schlüsselwörter" findest du meist im Text.
– Wie das Stichwortgerüst aussehen kann, siehst du auf der folgenden Seite.

4. Die W-Fragen

Mit den W-Fragen kannst du jede Textarbeit erschließen und „Material" für die Stoffsammlung und Ausarbeitung bekommen. Natürlich kommt jede W-Frage nicht nur einmal vor, vielmehr ergeben sie sich aus dem Zusammenhang und dem Arbeitsauftrag. Die Fragestellung wird nie gleich sein. Deswegen wird keine vollständige Aufstellung gegeben. Ergänze und bringe dabei allgemeine Möglichkeiten.
Ebenfalls kann keine Reihenfolge vorgegeben werden. Beispiele können sein:

... ist gemeint? – ... ist beteiligt?	**Wer?**	sollte / muss / müsste / wird / war / ...?
... sagt der Text? – ... ist geschehen?	**Was?**	kann / muss / war / wird / könnte ...?
_____	**Wo?**	_____
_____	**Wann?**	_____
_____	**Warum?**	_____
	Wie?	

Praktische Ratschläge

5. Das Stichwortgerüst (Schema)

So kann ein Stichwortgerüst im Anfangsstadium aussehen. Angenommen wurde ein Text mit sechs Arbeitsaufträgen.
So machst du es immer richtig:

Wichtig! W-Fragen, Bindewörter, Rechtschreibung, Zeit, Zeitenfolge, Begründungen, Satzanfänge, Abwechslung im Ausdruck, meine Meinung, im Wörterbuch nachschlagen, ...
Einleitung: ...
1. Arbeitsauftrag: W ...
2. Arbeitsauftrag: W ...
3. Arbeitsauftrag: W ...
4. Arbeitsauftrag: W ...
5. Arbeitsauftrag: W ...
6. Arbeitsauftrag: W ...
Sonstiges: ... (z. B. Vor- und Nachteile, meine Meinung, ...)
Schluss: ...

6. Die Einleitung bei einem längeren Aufsatz

Immer wieder wird in ein oder zwei Arbeitsaufträgen der Textarbeit eine längere Ausführung verlangt (z. B. 1 Seite oder 1½ Seiten). Viele wissen nicht, wie sie anfangen sollen. Es fällt ihnen schwer, eine Einleitung dafür zu finden. Dafür gibt es verschiedene Möglichkeiten:

– Ein Zitat oder Sprichwort wird aufgegriffen.
– Ein aktuelles Ereignis, das zum Thema passt, wird als „Aufhänger" benutzt.
– Der Arbeitsauftrag oder die Überschrift des Textes wird als Frage formuliert.
– Ein zum Thema/Text gegensätzliches aktuelles Ereignis wird als „Aufhänger" genommen.

7. Der Hauptteil eines längeren Arbeitsauftrages

Im Stichwortgerüst hast du bereits eine Stoffsammlung gemacht. Danach musst du die einzelnen Einfälle zuordnen, zusammenfassen und gliedern. Das Aufsatzgerüst hilft dir dabei. Es kann ganz unterschiedlich aussehen, z. B. eine Einteilung wie beim Stichwortgerüst, oder auch anders. Eine Möglichkeit zeigen wir dir auf der nächsten Seite. Einige Ratschläge:

- Mache dir weitere Notizen zu den einzelnen Arbeitsaufträgen.
- Überlege dir zu den Stichpunkten im Stichwortgerüst Sätze, Begründungen oder neue Gesichtspunkte, die du im Aufsatzgerüst bereits formulierst.
- Schreibe mit Bleistift, damit du verbessern kannst.
- Da du genügend Zeit für die Bearbeitung der Textarbeit hast, brauchst du dich nicht zu beeilen und kannst konzentriert weiterarbeiten.
- Die Arbeitsaufträge beziehen sich auf Textstellen. Deshalb solltest du beim Durchlesen des Textes entsprechende Textstellen anstreichen und am Rand die Nummer des Arbeitsauftrages notieren, dann geht die Arbeit schneller.
- Häufig musst du Vorteile und Nachteile zu einem Problem abwägen. Am besten machst du im Stichwortgerüst zwei Spalten und schreibst ungeordnet Stichpunkte hinein. Erst später ordnest du sie in eine bestimmte Reihenfolge. Ein Vorschlag:

Vorteile	Nachteile
– …	– …
– …	– …
– …	– …
– …	– …
– …	– …

- Bei jeder Textarbeit wird deine Meinung zu einem bestimmten Thema verlangt. Vergiss nicht, diese zu formulieren. Am besten ist es, wenn du im Stichwortgerüst oder Aufsatzgerüst diese als extra Punkt aufführst.

8. Das Aufsatzgerüst

Es kann je nach Themenstellung ganz unterschiedlich aussehen.

Einleitung: …
1. Arbeitsauftrag: …
2. Arbeitsauftrag: …
3. Arbeitsauftrag: …
4. Arbeitsauftrag: …
5. Arbeitsauftrag: …   Vorteile | Nachteile   … | …   … | …   meine Meinung:
Schluss: …

9. Die Überarbeitung der Textarbeit

Nachdem du die Textarbeit im Aufsatzgerüst oder auf einem extra Blatt vorentworfen hast, solltest du nicht gleich ins Reine schreiben, sondern die Ausführungen noch einmal überarbeiten und verbessern. Dazu einige Ratschläge:

- Die ungeordneten Stichpunkte im Stichwortgerüst solltest du im Aufsatzgerüst nach ihrer Bedeutung ordnen. Das wichtigste Argument sollte sozusagen als „Höhepunkt" deiner Ausführungen immer am Ende stehen, damit eine Steigerung erkennbar ist.
- Schlage Wörter, bei denen du dir nicht sicher in der Rechtschreibung bist, in einem Wörterbuch nach, damit du Rechtschreibfehler vermeidest.
- Bei einer Textarbeit ist die Ausdrucksweise ganz wichtig. Dabei musst du den eigenen Wortschatz im richtigen Sinnzusammenhang anwenden. Während dir ein Rechtschreibwörterbuch bei der richtigen Schreibweise hilft, unterstützt dich ein Synonymwörterbuch bei der Wortauswahl. Damit kannst du Wortwiederholungen vermeiden. Ein gutes Wörterbuch haben wir dir am Anfang bereits empfohlen. Damit kannst du auch gut argumentieren.
- Manche Stichpunkte im Stichwortgerüst lassen sich zu einem gemeinsamen Oberbegriff zusammenfassen. Auf diese Weise kannst du oftmals zusammenfassen.

 Einige Tipps vor der Reinschrift:

- Schreibe die Reinschrift sauber und in lesbarer Schrift.
- Halte einen Rand zum Korrigieren ein.
- Vergiss nicht, das Thema (= Überschrift) niederzuschreiben.
- Beachte die Ausführungen des Lehrers bzw. auf dem Textblatt.

10. Die Endarbeiten

Vor der Reinschrift solltest du deine Ausführungen unter folgenden Gesichtspunkten überprüfen:
- Habe ich die einzelnen Arbeitsaufträge so behandelt, wie es gefordert ist?
- Habe ich mich bei der längeren Ausführung an das vorgegebene Thema gehalten?
- Habe ich immer vollständige Sätze geschrieben?
- Habe ich meine Ausführungen auf Rechtschreibfehler überprüft?
- Habe ich abwechslungsreich formuliert?
- Habe ich Wortwiederholungen vermieden?
- Habe ich nicht zu allgemein geschrieben?
- Habe ich immer ausreichend begründet, wenn es verlangt war?
- Habe ich die Beispiele gebracht, die zum Thema passen?
- Habe ich abwertende oder ungeläufige Wörter vermieden?
- Habe ich die Sätze mit treffenden Bindewörtern verbunden?
- Habe ich keine Zeitfehler gemacht?
- Habe ich auf die Grammatik geachtet?
- Habe ich keine logischen Fehler gemacht?
- Habe ich die Arbeitsaufträge richtig zugeordnet?

11. Zum Schluss

Beim letzten Durchlesen:
- Habe ich ordentlich geschrieben?
- Habe ich die Anweisungen des Lehrers hinsichtlich der Gestaltung beachtet?
- Habe ich alle Fehler ordentlich verbessert?

Vor dem Abgeben der Arbeit:
- Gib *alle* Blätter der Reinschrift ab.

12. Typische Arbeitsaufträge und ihre Bedeutung

Im Anschluss an den Text folgen Arbeitsaufträge, die du bearbeiten musst. Diese sind nach einem bestimmten Punktesystem gewichtet. Die Arbeitsaufträge richten sich nach dem Thema und dem Ziel der Auseinandersetzung mit dem Thema. Beobachtungen zeigen, dass sich Teile vieler Arbeitsaufträge wiederholen. Wir zeigen dir typische Arbeitsaufträge und erklären dir die Bedeutung, damit du weißt, „was dahinter steckt". Natürlich ist es wichtig, dass du dich bei deiner Auseinandersetzung mit dem Text an die vorgegebenen Arbeitsanweisungen hältst. In den Textarbeiten findet man Arbeitsaufträge wie diese:

Begründe … in einigen Sätzen.
Dieser Arbeitsauftrag bedeutet, dass du *deine eigene* Meinung in einigen (d. h. mehr als zwei) Sätzen darlegst und ausführlich begründest.

Berichte ausführlich über …
„Ausführlich" heißt, dass du deine Ausführungen in mehreren Sätzen darlegen musst. Häufig kannst du das Für und Wider zu einer Sache in Form einer Argumentation darlegen.

Begründe, warum im … Absatz …
Dieser Arbeitsauftrag bezieht sich auf einen ganz bestimmten Absatz im Text. Zu diesem sollst du Stellung nehmen und deine Meinung begründen.

Belege … durch Beispiele.
Nenne nicht nur ein Beispiel, sondern mehrere Beispiele aus dem Alltagsleben, aus deiner Umwelt, aus der Schule oder aus deinem Freundeskreis.

Berichte ausführlich über …
Bei diesem Arbeitsauftrag ist die Aufsatzform der Bericht. Dieser sollte etwa eine halbe bis eine Seite lang sein. Erst dann ist er ausführlich.

Berichte darüber, was du …
Bei diesem Arbeitsauftrag kommt es auf dich und nicht auf andere an. Du musst deshalb deine Meinung darlegen und in der Ich-Form schreiben.

Berichte kurz über …
Bei diesem Arbeitsauftrag ist die Aufsatzform der Bericht. Schreibe also sachlich und objektiv. Auf keinen Fall darfst du in der Ich-Form schreiben. Besser ist die Man-Form. „Kurz" heißt: einige Sätze.

Nenne die Vorzüge von …
Notiere nur die Vorteile zu einem bestimmten Thema oder Problem.

Fasse … zusammen.
Fasse die wesentlichen Aussagen zu bestimmten Textstellen oder Absätzen mit eigenen Worten in einigen Sätzen kurz zusammen. Dabei helfen dir auch Oberbegriffe.

Schreibe … wörtlich.
Zitiere genau die entsprechende Textstelle. Dabei solltest du nicht die Anführungszeichen vor und nach der Textstelle vergessen.

Beschreibe … mit Beispielen.
Zitiere nicht nur entsprechende Beispiele aus dem Text, sondern überlege dir auch noch eigene Beispiele, um deine Behauptungen zu belegen.

Fasse die … (Nachteile) von … zusammen.
Nenne in diesem Fall nur die Nachteile zu einem bestimmten Thema oder Problem.

Ergänze … durch weitere Beispiele.
Bei diesem Arbeitsauftrag musst du noch andere Beispiele zu den bereits im Text genannten Möglichkeiten bringen. Der Begriff „weitere" sind mindestens zwei Beispiele.

Erkläre die folgenden Fremdwörter: ...
Bei diesem Arbeitsauftrag hilft dir ein gutes Wörterbuch, das du beim Aufsatzschreiben verwenden darfst. Schreibe deine Erklärung in vollständigen Sätzen.

Beschreibe Merkmale von ...
Die Aufsatzform ist die Beschreibung. Sie verlangt einen bestimmten Schreibstil.

Erkläre den Zusammenhang zwischen ...
Erläutere, welcher Zusammenhang zwischen den dargestellten Problemen oder Meinungen besteht und erkläre ihn in einigen Sätzen.

Erkläre mit eigenen Worten ...
Bei diesem Arbeitsauftrag musst du entweder einen Begriff oder einen Sachverhalt anders beschreiben, als im Text steht.

Nenne die Hauptgründe von ...
Meistens bezieht sich dieser Arbeitsauftrag auf bestimmte Textstellen.

Schreibe ... in einigen Sätzen.
Du solltest mindestens drei Sätze schreiben. Besser ist es, wenn du vier oder fünf Sätze schreibst.

Schreibe dazu einen Beitrag für die Schülerzeitung.
Die Aufsatzform kann je nach Themenstellung ein Bericht, eine persönliche oder allgemeine Stellungnahme zu einem bestimmten Thema sein. Vorstellbar ist aber auch ein Interview. Denke daran, dass in diesem Fall Schüler die Leser sind.

Schreibe mit eigenen Worten auf, warum/was ...
Dieser Arbeitsauftrag bezieht sich auf bestimmte Textstellen. Diese musst du mit eigenen Worten darlegen. Du darfst also nicht Sätze wortwörtlich übernehmen.

Schreibe stichpunktartig ...
Bei diesem Arbeitsauftrag genügen Stichworte. Du brauchst also nicht in ganzen Sätzen zu schreiben. Es ist sinnvoll, die einzelnen Punkte durch einen Bindestrich voneinander zu trennen oder untereinander zu schreiben (= Spiegelstrich).

Stelle die wesentlichen Aussagen zu ... zusammen.
Überlege, welche Aussagen im Text zu einem bestimmten Sachverhalt dargelegt sind. Fasse diese in Kurzform zusammen.

Erzähle aus seiner/ihrer Sicht die Situation ...
Du musst dich in eine andere Person hineindenken. Die Aufsatzform ist die Erzählung.

Stelle zwei andere Möglichkeiten dar.
Bei diesem Arbeitsauftrag musst du zwei (d. h. nicht weniger, aber auch nicht mehr) Möglichkeiten aufzeigen.

Suche aus dem Text ... heraus.
Zitiere wortwörtlich die entsprechenden Textstellen.

Stelle einen Katalog von Fragen auf.
Ein Fragenkatalog beinhaltet mehr als fünf Fragen. Am besten ist es, wenn du die Fragen untereinander schreibst und sie mit Spiegelstrich hervorhebst.

Zeige weitere Beispiele, wie ...
Überlege dir noch andere eigene Beispiele, um deine Behauptungen zu belegen. „Weitere" sind mindestens zwei andere (und nicht nur eine) Möglichkeiten.

Zeige zwei (drei/vier/...) Möglichkeiten zu ... auf.
Bringe nur so viele Beispiele, wie verlangt sind, aber auch nicht mehr oder weniger.

Die Aufsatztypen in der Textarbeit

Bei der Textarbeit wird bei einem Arbeitsauftrag häufig eine längere Ausführung (eine bis anderthalb Seiten) verlangt. Dabei kommt nicht nur eine einzige Form des Aufsatzes vor. Je nach Thema (= Text) bieten sich verschiedene Aufsatzarten an. Deshalb solltest du die verschiedenen Aufsatzarten und ihre Besonderheiten in der Darstellungsweise, der Sprache und im Stil kennen. – Wir unterscheiden folgende Aufsatzarten:

Der persönliche Brief

Im Unterricht behandelt ihr je nach Klassenstufe verschiedene Formen eines Briefes: persönlicher Brief (z. B. ein Kontaktbrief, Antwortbrief, Einladungsschreiben, Dankbrief), sachlicher Brief oder Leserbrief. All diese Briefarten haben einen anderen Inhalt und verlangen einen anderen Schreibstil. Deshalb geben wir dir in Kurzform einige wichtige Ratschläge.

Form:

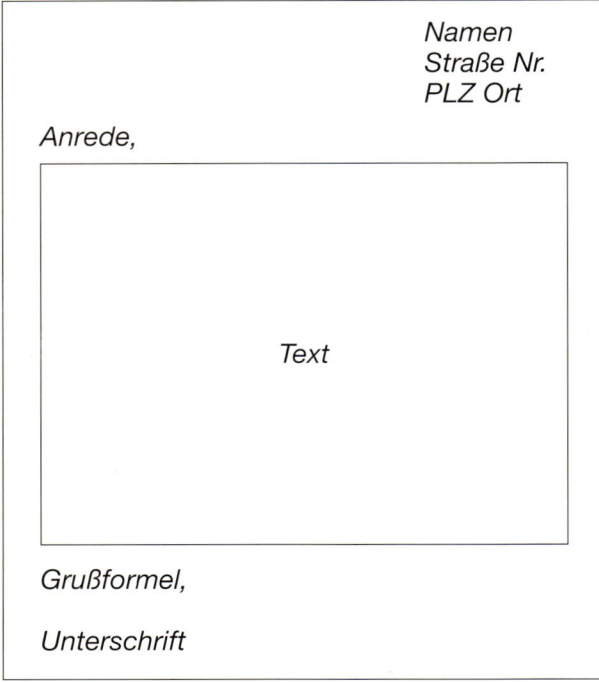

Umfang:
→ abhängig vom Anlass

Formaler Aufbau:
→ oben rechts Ort und Datum
→ manchmal schreibt man auch einen Briefkopf (wie in diesem Beispiel)
→ (über)nächste Zeile links: Anrede mit Komma danach (klein weiter), wenn nach Anrede Ausrufezeichen, dann groß weiter
→ Inhalt des Briefes
→ Schlussformel am Ende
→ Unterschrift

Sprache:
→ verständlich, persönlich (je nach Adressat)

Zeitstufe:
→ Gegenwart, Vergangenheit und/oder Zukunft, je nach Inhalt

Wichtige Tipps:

- Ein persönlicher Brief kann erzählen, fragen oder etwas mitteilen.
- In einem persönlichen Brief werden die Höflichkeitsanreden (Sie, Ihr) großgeschrieben.
- Ein persönlicher Brief sollte gut gegliedert sein. Jeder neue Sinnschritt verlangt einen eigenen Absatz.
- Man teilt nur das mit, was den Empfänger auch wirklich interessiert.
- Beim Schreiben achtet man auf die Höflichkeitsform und bringt keine Beleidigungen.
- Überlege, was du mitteilen möchtest.
- Wichtig ist, nach der Reihe zu schreiben.
- Vergiss aber nicht, wichtige Einzelheiten aufzuführen. Die W-Fragen helfen dir auch dabei.
- Schreibe so, dass der Leser deine Schreibabsicht nachvollziehen kann.
- Ein persönlicher Brief muss klar, deutlich und auch verständlich formuliert werden.
- Verwende in einem persönlichen Brief keine wörtliche Rede.
- Achte auf knappe Formulierungen und lasse Unwichtiges weg.
- Verwende in einem persönlichen Brief keine Abkürzungen (z. B. mit frdl. Gruß).
- Wichtig ist es, auch in einem persönlichen Brief auf die richtige Wortwahl zu achten.
- Schreibe nicht so, wie du sprichst, sondern in einer gehoben Sprache.
- Schreibe nicht eintönig, sondern für den Leser interessant.
- Wechsle auch im Satzbau ab.

Der sachliche Brief

Bei dieser Briefform gibt es verschiedene Möglichkeiten. Es kann z. B. eine Reklamation oder eine Beschwerde sein. Was es auch ist, Umfang, Darstellungsweise, Form und Sprache sind gleich.

Form:

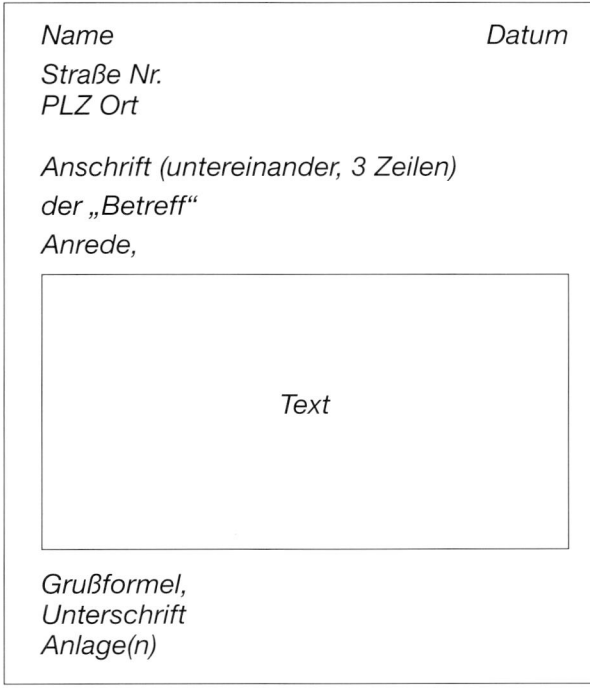

Umfang:
→ abhängig vom Anlass, meist etwa eine Seite

Formaler Aufbau:
→ rechts oben Datum
→ links oben eigene Anschrift
→ darunter die Anschrift des Empfängers
→ darunter der „Betreff"
→ übernächste Zeile links: Anrede mit Komma, danach klein weiter; wenn nach Anrede Ausrufezeichen, dann groß weiter
→ Inhalt des Briefes
→ Schlussformel am Ende
→ Unterschrift
→ evtl. noch Anlage(n)

Sprache:
→ sachlich, verständlich, kurz

Zeitstufe:
→ meist Gegenwart, je nach Inhalt

Wichtige Tipps:

- Ein sachlicher Brief kann fragen oder etwas mitteilen.
- Vergiss nicht den „Betreff" mit anzugeben, damit der Leser weiß, um was es sich handelt.
- Bleibe in der Sprache sachlich, wenn du einen sachlichen Brief an eine Firma schreibst.
- Beim Schreiben achtet man auf die Höflichkeitsform und bringt keine Beleidigungen oder Persönliches.
- In einem sachlichen Brief werden die Höflichkeitsanreden (Sie, Ihr) großgeschrieben.
- Der Text muss leserlich und ohne Fehler sein.
- Ein sachlicher Brief muss klar, deutlich und auch verständlich formuliert werden.
- Vergiss aber nicht, wichtige Einzelheiten aufzuführen. Die W-Fragen helfen dir auch dabei.
- Verwende in einem sachlichen Brief keine wörtliche Rede.
- Ein sachlicher Brief sollte gut gegliedert sein. Jeder neue Sinnschritt verlangt einen eigenen Absatz.
- Man teilt nur das mit, was für den Empfänger wichtig ist.
- Überlege daher, was du mitteilen möchtest.
- Wichtig ist auch, nach der Reihe zu schreiben.
- Schreibe so, dass der Leser deine Schreibabsicht nachvollziehen kann.
- Achte auf knappe Formulierungen und lasse Unwichtiges weg.
- Schreibe nicht so, wie man spricht, sondern in einer gehobenen Sprache.
- Schreibe nicht in einer „gekünstelten" oder „schwulstigen" Sprache.
- Achte auf die Zeitenfolge.
- Wichtig ist es, auch in einem sachlichen Brief auf die richtige Wortwahl zu achten.
- Rechtschreibfehler machen einen negativen Eindruck. Schlage vorsichtshalber vor dem Schreiben in einem Wörterbuch nach, wenn du dir nicht sicher in der Rechtschreibung bist.
- Die Unterschrift darf nicht fehlen.
- Falls Anlagen beigefügt werden sollen, wird dies nach der Unterschrift erwähnt.

Der Leserbrief

Er richtet sich an die Leser einer Zeitschrift oder Zeitung oder an die Redaktion und nimmt zu einem Artikel persönlich Stellung.

Umfang: → meist zwischen einer halben und einer Seite
Darstellungsweise: → informativ, knapp
Sprache: → verständlich, kurze Sätze
Zeitstufe: → abhängig vom Inhalt

Wichtige Tipps:

- Bei einer Textarbeit gibt es meist eine genaue Vorgabe, wozu du Stellung nehmen sollst. Streiche also im Text entsprechende Stellen an, wenn solche vorhanden sind. Dazu solltest du dir in aller Ruhe den Text mehrmals durchlesen und in jedem Absatz die Kernaussage und/oder wichtige „Signalwörter" oder „Schlüsselwörter" unterstreichen.
- Fasse dich kurz, aber nicht zu kurz, d. h. so ausführlich wie nötig.
- Schreibe in der Ich-Form, weil du *deine* Meinung ausdrücken willst.
- Versuche, gut zu argumentieren, d. h. bringe überzeugende Argumente. Du willst ja andere Leser von deiner Meinung überzeugen.
- Überlege dir eine schlagkräftige Überschrift, die zum Lesen anregt. Sie muss daher einfallsreich und kurz sein. Sie muss sich auch auf den Artikel beziehen, damit der Leser weiß, wozu du Stellung nehmen willst. Die Überschrift soll den Leser neugierig machen und ihn zum Lesen anregen.
- Greife nicht persönlich an, bleibe sachlich und schreibe nicht aggressiv. Drücke aber dennoch deine Meinung aus, auch wenn sie gegensätzlich ist.
- Frage dich vor dem Schreiben, was du zum Ausdruck bringen willst. Schreibe informativ.
- Bringe Argumente, die die Leser von deiner Meinung überzeugen.
- Frage dich dabei immer wieder: Was ist wichtig? Denke dabei immer an die W-Fragen. Sie sind ganz besonders wichtig, vor allem die Warum?-Frage.
- Schreibe so knapp wie möglich, aber für den Leser so verständlich und so ausführlich wie nötig.
- Die Zeitstufe ist die Gegenwart.
- Überprüfe am Ende, ob du gute Argumente gebracht hast.

Der Aufruf

Diese Aufsatzform kommt ebenfalls immer wieder in einer Textarbeit vor. Der Aufruf richtet sich dabei gezielt an einen bestimmten Personenkreis, z. B. Klasse, Schule oder Gemeinde. Er soll Mitmenschen auf etwas hinweisen.

Umfang: → meist zwischen einer halben und einer Seite
Darstellungsweise: → je nach Art subjektiv oder objektiv, überzeugend, informativ
Sprache: → überzeugend und informativ, je nach vorgegebener Form des Aufrufes
Zeitstufe: → Gegenwart

Wichtige Tipps:

- Der Aufruf will den Leser zum Umdenken oder Nachdenken zwingen.
- Er informiert über einen Sachverhalt.
- Er fordert zum Handeln auf und gibt dazu Anregungen.
- Eine gute Überschrift ist daher besonders wichtig. Sie muss den Leser neugierig machen.
- Bei dieser Aufsatzform kommt es vor allem auf gute Argumente an.
- Beim Aufruf schreibst du etwas aus deiner Sicht, was für dich wichtig ist und wovon du glaubst, dass du „Mitstreiter" brauchst.
- Deshalb ist es wichtig, den Leser direkt anzusprechen.
- Bleibe in deinen Argumenten aber sachlich.
- Übertreibe nicht, sondern bleibe bei der Wahrheit.
- Informiere so, dass der Leser deinen Beweggrund nachvollziehen kann.

Der Bericht

Beim Bericht gibt es viele Formen, z. B. Erlebnisbericht, Zeugenaussage, Zeitungsbericht, Reisebericht oder Referat. In der Textarbeit kommt meistens nur ein allgemeiner Bericht („Bericht(e) über …") vor, manchmal aber auch ein Erlebnisbericht. Allen verschiedenen Formen eines Berichtes sind die folgenden Ausführungen gleich:

Umfang:	→ meist zwischen einer halben und einer Seite
Darstellungsweise:	→ sachlich, informativ, genau, übersichtlich
Sprache:	→ verständlich, sachlich, kurze Sätze
Zeitstufe:	→ Vergangenheit

Allgemeine Tipps für den Bericht:

- Lasse Persönliches weg und bringe keine persönlichen Meinungen, Urteile oder Kommentare zum Ausdruck.
- Beschränke dich auf sachliche Informationen.
- Schreibe sachlich, d. h. nur darüber, was zur „Sache" dazugehört.
- Persönliche Erlebnisse, Meinungen und Gefühle gehören nicht in einen Bericht.
- Während die Erlebniserzählung spannend und lebendig ist und zu einem Höhepunkt hinführt, ist ein Bericht sachlich. Er kennt weder Spannung noch Höhepunkt.
- Der Bericht beschränkt sich auf das Notwendige.
- Es kommt also auf den tatsächlichen Sachverhalt an. Dieser muss allerdings genau beschrieben werden.
- Beschränke dich aber auf das Wesentliche und berichte nicht in allen Einzelheiten.
- Dabei ist es wichtig, die Reihenfolge eines Geschehens genau zu beachten.
- Halte Meinungen und Tatsachen gut auseinander.
- Fasse dich kurz. Häufig ist in einer Textarbeit der Umfang vorgegeben.
- Verwende die indirekte Rede.
- Schreibe nach der zeitlichen Reihenfolge.

Wichtige Tipps für einen Erlebnisbericht:

- Ein Erlebnisbericht berichtet über ein persönlich erlebtes Ereignis.
- Er wird daher in der Ich-Form geschrieben.
- Darin spielen persönliche Momente eine Rolle. Es kommen aber auch sachliche Momente eines Berichtes vor.
- Spannung darf daher nicht erzeugt werden.
- Deshalb gibt es auch keinen Höhepunkt.
- In einem Erlebnisbericht kommt es darauf an, einen Sachverhalt wiederzugeben.
- Die wörtliche Rede kommt nicht vor.
- Ausrufe, Fragen, persönliche Kommentare und Meinungen können in einem Erlebnisbericht durchaus vorkommen, jedoch sollte man sich damit zurückhalten und sie nicht zu häufig verwenden.
- Im Vordergrund steht die Information über ein Ereignis.
- Sachliche und wichtige Informationen sind mit persönlich Erlebtem verbunden.
- Ein schriftlicher Erlebnisbericht muss so einfach und verständlich geschrieben sein, dass der Leser über alle wichtigen Tatsachen informiert wird.
- Der Leser muss sich beim Durchlesen ein genaues Bild vom Ablauf machen können.
- Ein Erlebnisbericht muss auch übersichtlich geschrieben sein.
- Das erreicht man am besten durch eine gute Gliederung. Sie erleichtert eine schnelle Information.
- Wichtig ist, nach der Reihe zu schreiben und das betreffende Ereignis geordnet aufzuzeigen.
- Lasse Persönliches weg und bringe keine persönlichen Meinungen, Urteile oder Kommentare zum Ausdruck.
- Beschränke dich auf sachliche Informationen.
- Schreibe sachlich, d. h. nur darüber, was zur „Sache" dazugehört.
- Schreibe genau, aber nicht so genau, dass du dich auf zu viele Einzelheiten festlegst und den Überblick verlierst.
- Vergiss aber nicht, wichtige Einzelheiten aufzuführen. Die W-Fragen helfen dir dabei.

Das Interview

Immer wieder wird es in einer Textarbeit bei einem Arbeitsauftrag vorkommen, dass du ein Interview zu einem bestimmten Themenbereich aufschreiben sollst. Es ist eine besondere Form des Gesprächs. Damit du weißt, worauf es dabei ankommt, geben wir dir einige Tipps.

Umfang: → ca. eine Seite
Darstellungsweise: → Hierbei gibt es zwei verscheidene Möglichkeiten:

a) Frage und Antwort untereinander:
    Fragesteller: Frage
    Gesprächspartner: Antwort
    Fragesteller: Frage
    Gesprächspartner: Antwort

b) zwei Spalten:

Fragesteller	Gesprächspartner
Frage	Antwort
Frage	Antwort

Sprache: → sachlich mit kurzen und genauen Frage- und Antwortsätzen
Zeitstufe: → Gegenwart

Wichtige Tipps:

- Lies im Arbeitsauftrag genau nach, wen du befragen sollst, denn einen Jugendlichen befragt man anders als einen Erwachsenen.
- Überlege dir genau, was du fragen willst. Die W-Fragen helfen dir dabei.
- Stelle die Fragen so, dass nicht nur mit „Ja" oder „Nein" geantwortet wird.
- Gliedere die Fragen und frage nach, wenn es notwendig ist.
- Stelle gezielte genaue Fragen zu dem vorgegebenen Thema.
- Vergiss auch nicht, die Fragezeichen zu setzen.
- In schriftlicher Form werden die Höflichkeitsanreden (Sie, Ihr) großgeschrieben.
- Bedanke dich zum Schluss bei deinem Gesprächspartner.
- Man unterscheidet z. B. zwischen:
    Suggestivfragen: „Du glaubst doch auch, dass ..."
    Informationsfragen: „Wann ist das gewesen?"
    Entscheidungsfragen: „Sollen Jugendliche Alkohol trinken?"
    Meinungsfragen: „Wie gefällt Ihnen ...?"

Die Wandzeitung

Immer wieder kommt der Arbeitsauftrag vor, einen eigenen Text für eine Wandzeitung zu verfassen. Dieser bezieht sich auf das vorgegebene Thema. Er kann unterschiedlich gestaltet sein.

Umfang: → meist zwischen einer halben und einer Seite
Darstellungsweise: → informativ, sachlich, objektiv
→ übersichtlich, knappe Form, gegliedert
Sprache: → verständlich, kurze Sätze, eventuell nur Stichpunkte
Zeitstufe: → Gegenwart

Wichtige Tipps:

- Eine Wandzeitung will über ein bestimmtes Thema informieren.
- Gliedere deinen Text und fasse zusammen, was zusammengehört.
- Bringe nur wichtige Tatsachen, von denen du annimmst, dass sie den Leser interessieren.
- Bleibe sachlich, denn du willst ja informieren.
- In einer Textarbeit kommt es beim Entwurf einer Wandzeitung nur auf den Text an. Eine Illustration kann deshalb entfallen.

Die Erörterung

In einer Textarbeit ist es auch so, dass auf ca. anderthalb Seiten eine Erörterung geschrieben werden muss. Manchmal werden auch nur Teile einer Erörterung verlangt, z. B. das Aufzählen (und Ausführen) der Vorteile oder Nachteile. Achte daher genau auf den Arbeitsauftrag.

Die Erörterung kann sein:
- eingliedrig,
- zweigliedrig oder sogar
- dreigliedrig.

- Typisch für einen eingliedrigen Arbeitsauftrag ist eine Frage. Beispiel: *„Welche Ursache .....?"*
- Typisch für einen zweigliedrigen Arbeitsauftrag sind zwei Fragen. Beispiele: *„Was sind die Ursachen für …? Welche Folgen ergeben sich daraus?"* oder: *„Nenne Vorteile und Nachteile …?"*
- Typisch für einen dreigliedrigen Arbeitsauftrag ist zusätzlich zu den beiden Fragen des zweigliedrigen Arbeitsauftrages eine weitere Frage wie z. B.: *„Welche Maßnahmen können ergriffen werden?"* oder: *„Was sagst du dazu?"*

Umfang: → zwischen einer Seite und anderthalb Seiten
Darstellungsweise: → hängt ab von der Themenstellung: subjektiv oder objektiv, übersichtliche Gliederung, die sich aus dem Arbeitsauftrag ergibt
→ ausführliche Darstellung
Sprache: → sachlich, verständlich, überzeugend
Zeitstufe: → Gegenwart

Wichtige Tipps:

- Gliedere deinen Text.
- Häufig ergibt sich eine Gliederung schon aus dem Arbeitsauftrag. Beispiele:

  Vorteile – Nachteile → **Zweiteilung**
  pro – kontra → **Zweiteilung**
  positive – negative Auswirkungen → **Zweiteilung**
  Gründe – Auswirkungen → **Zweiteilung**
  Ursachen – Folgen – Maßnahmen → **Dreiteilung**
  Vorteile – Nachteile – deine Meinung → **Dreiteilung**

- Manchmal musst du auch nur eine Gliederung schreiben. Arbeite dann mit Oberbegriffen.
- Bleibe beim Thema und schweife nicht ab.
- Übertreibe und verallgemeinere nicht.
- Schreibe in einem sachlichen Stil.
- Wechsle im Satzbau ab.
- Vermeide die direkte Rede.

Mit Robotern leben

Ausgefallenes Hobby eines Schülers

Wer zu Besuch zu Gabriel Schwarz kommt, glaubt sich ins 21. Jahrhundert versetzt. Dort geht vieles anders zu. Denn dort begegnet er den neuen „Geistern" des Hauses.

Schon an der Wohnungstür ist nichts wie sonst. Ein Roboter öffnet dem Besucher die Tür, stellt sich als „Robbi" vor, begrüßt ihn und sagt, wohin er gehen soll. Dann schließt er die Tür.

Sitzt der Gast erst einmal im Wohnzimmersessel, bietet „Chef", ein anderer Roboter verschiedene Getränke an. „Der Chef bin ich!", steht deutlich lesbar auf seiner Brust und genauso bestimmt sagt er es auch. Wünscht der Besucher eine Limo, greift der stählerne Arm des Chefs an seine linke Seite und holt eine eisgekühlte Limonade heraus. Wünscht man dagegen ein Bier, streichelt Chef zuerst seinen Bauch, stimmt dann das Lied: „Bier her, Bier her, oder ich fall um!" an, öffnet eine Bauchklappe und bietet dem überraschten Gast eine Flasche an, die er natürlich vorher sachgerecht mit seinen Stahlfingern ohne weitere Hilfsmittel geöffnet hat. So mancher Gast stößt gleich nach seinem Wunsch, nur pures Wasser zu trinken, Entsetzensrufe aus, denn der Chef reagiert prompt: Zuerst rülpst er, dann holt er laut und unter entsprechenden menschlichen Geräuschen tief Luft, langt an seinen Kopf, kratzt sich seine Glatze und holt ein Glas aus seinem Kopf. Dann fragt er nach, ob wirklich Wasser gewünscht würde. Wenn der erstaunte Gast dann mit „Ja" antwortet, hält der Chef das Glas in Richtung seines Mundes und spritzt aus seinem Mund, seiner Nase und seinen Augen gleichzeitig in großem Bogen klares Wasser in das Glas, ohne dass ein Tropfen daneben geht. Um den Gast zu beruhigen, geht er auf ihn zu und bietet ihm in aller Freundlichkeit, bei der die Augen zwinkern, der Mund grinst und die Ohren schlackern, das Glas an. Schon mancher hat da vor Schreck das Glas fallen lassen. Danach verzieht sich der Chef in ein anderes Zimmer und der echte Gastgeber Gabriel Schwarz tritt herein.

Er erzählt dem staunenden Gast, dass er bereits mit elf Jahren seinen ersten Roboter gebastelt hat. Er hatte sich schon als kleiner Junge gewünscht, die lästigen Hausarbeiten nicht machen zu müssen. Sciencefictionromane verschlang er wie andere Altersgenossen Karl-May-Bücher. Diese Romane brachten ihn auf die Idee, Roboter zu bauen. „Ich wollte mir ganz einfach Hausarbeiten ersparen", erinnert er sich. Und so zeichnete er Pläne, bastelte mit allen möglichen Stoffen, Elektronikbauteilen und Werkzeugen, bis ihm schließlich der Plan ausgereift erschien.

„Butler I" – gesprochen: Butler One – war geboren: sein erster Roboter. Er bestand aus Pappe, mehreren Lämpchen und verschiedenen Motoren. Anstelle der Haare hatte er einen kleinen Sonnenkollektor, auf der Stirn bewegte sich ein verstellbarer Ventilator, der Gabriel im Sommer Kühlung beim Nachdenken verschaffte. Die roten Lampenaugen blinkten ständig. Auf Knopfdruck in der Nabelgegend öffnete sich der Mund ganz weit, um bestimmte Kleinigkeiten zu verschlucken – eine gute Möglichkeit, etwas zu verstecken. Auf zweimaligen Knopfdruck in der Nabelgegend spuckte er seinen ganzen Inhalt wieder aus. Aber „Butler I" hatte noch Kinderkrankheiten und wurde nicht alt, denn der junge Tüftler hatte weitere Ideen. „Butler I" steht heute in einer Ecke und blinkt immer noch.

Gabriel erinnert sich noch heute, nach acht Jahren, ganz genau: Es klingelte damals. Seine Mutter trug ihm auf, die Türe zu öffnen. In diesem Moment war „Jack the Ghost" geboren. Er konnte nämlich die Besucher erschrecken. „Jack the Ghost" konnte sowohl sprechen als auch hilfreiche oder unliebsame Dinge tun, von denen noch heute so manche Verwandten ein Lied singen können.

Auf die Frage, woher Gabriel denn seine Ideen habe, antwortet er, dass diese ihm meistens spontan kämen. Er würde sich immer damit beschäftigen, welche unnützen Hausarbeiten ihm abgenommen werden könnten. Dieses Ziel hätte er schon fast erreicht. Der „Chef" arbeite zufrieden stellend und Robbi könne bereits sehr viel: Er würde putzen, Staub wischen, den Tisch decken und abräumen, die Autotür öffnen und zuschlagen, die Kleider aufhängen, ihm auf Zuruf bestimmte Dinge bringen oder mit ihm Schach spielen. Robbi habe eine winzige Videokamera eingebaut und könne damit Dinge erkennen. Selbstverständlich könne Robbi auch Klavier spielen. Da die Berichterstatterin daran zweifelt, geht Robbi ohne weiteren Befehl zum Klavier, öffnet die Klappe und spielt ein Präludium von Bach. Das macht Robbi nämlich immer, wenn er das Stichwort „Klavier" hört. Etwa zwei Monate habe er, so Gabriel Schwarz, an Robbi gebastelt, aber „Robbi II" sei schon in Planung und würde ihm noch mehr Hausarbeit abnehmen. Mehr verrät unser junger Tüftler aber nicht.

Karin Huber

Mit Robotern leben

Arbeitsaufträge:

Punkte

1. Wie alt ist Gabriel Schwarz? Woraus kannst du das schließen? — 1

2. Erstelle eine Gliederung zu dem Haupttext. — 3

3. Was bedeutet der Begriff „Kinderkrankheiten"? Kläre die wörtliche Bedeutung und den übertragenen Sinn dieses Begriffes an einem Beispiel. Beschreibe zwei weitere Beispiele. — 5

4. Im Text ist von mehreren funktionierenden Robotern die Rede. Nenne sie und zähle stichpunktartig auf, was sie machen können. Fasse ähnliche Tätigkeiten dabei zusammen. — 6

5. Im Text heißt es an einer Stelle, dass ein Roboter hilfreiche und unliebsame Dinge tun konnte. Zitiere den Satz und beschreibe, was dieser Roboter alles tun könnte, wenn es dein Roboter wäre (Umfang ca. eine halbe Seite). — 4

6. Gabriel Schwarz wollte sich Hausarbeiten ersparen. Erörtere, warum Eltern von ihren Kindern Hausarbeiten verlangen und wie ihre Kinder reagieren. Finde Lösungsmöglichkeiten, die beide zufrieden stellen (Umfang ca. eine Seite). — 9

28

Du kannst es mir glauben: Diese Geschichte habe ich nicht erfunden!

Lösungsmöglichkeiten der einzelnen Arbeitsaufträge

Im folgenden Abschnitt geben wir dir Hilfen zu den einzelnen Arbeitsaufträgen.

Arbeitsauftrag 1:

Wie alt ist Gabriel Schwarz? Woraus kannst du das schließen?

Lösungshilfe: Im Text findest du dazu zwei Angaben, aus denen du auf das Alter von Gabriel Schwarz schließen kannst.

Wenn du selbst eine Textarbeit anfertigst, überträgst du diese Stichpunkte in ein Stichwortgerüst. Erst wenn du im Stichwortgerüst alle Arbeitsaufträge niedergeschrieben hast, machst du dich im Aufsatzgerüst an die Endarbeiten. In diesem Falle würdest du einen Satz formulieren. Aus Platzgründen verzichten wir hier auf das Aufsatzgerüst. – Wie das fertige Stichwortgerüst und Aufsatzgerüst aussehen kann, zeigen wir dir am Ende dieser Einheit.

Am besten ist es, wenn du die Zeilennummern angibst und als Satz formulierst.

☞ ***Ein Tipp:***

- Gib die Zeilennummer an, wenn du aus dem Text zitierst.

Arbeitsauftrag 2:

Erstelle eine Gliederung zu dem Haupttext.

Lösungshilfe: Sicherlich ist ein solcher Arbeitsauftrag nicht immer leicht zu lösen. Deswegen zeigen wir dir auf der folgenden Seite auf, wie man aus einem Text eine Gliederung erstellen und wie man diese gestalten kann. Dazu ist es erst einmal notwendig, wichtige Stichpunkte zu suchen.

Das Stichwortgerüst: wichtige Stichpunkte finden

Diese wichtigen Stichpunkte sind die „Signalwörter". Am besten ist es, wenn du diese im Text unterstreichst und in das Stichwortgerüst überträgst. Dann hast du einen guten Überblick.

1. Absatz – wichtige Stichpunkte: _____

2. Absatz – wichtige Stichpunkte: _____

3. Absatz – wichtige Stichpunkte: _____

4. Absatz – wichtige Stichpunkte: _____

5. Absatz – wichtige Stichpunkte: _____

6. Absatz – wichtige Stichpunkte: _____

Das Aufsatzgerüst: Gliederungspunkte

In diesem Falle ist es relativ einfach aus diesen Stichpunkten eine Gliederung zu erstellen. Am besten ist es, wenn du die einzelnen Stichpunkte eines Absatzes zusammenfasst.

1. Absatz – Gliederungspunkt: _____

2. Absatz – Gliederungspunkt: _____

3. Absatz – Gliederungspunkt: _____

4. Absatz – Gliederungspunkt: _____

5. Absatz – Gliederungspunkt: _____

6. Absatz – Gliederungspunkt: _____

Mit Robotern leben

Schreibbeispiel

Zu diesem Arbeitsauftrag schreibt Fridolin folgende Gliederung. Sei kritisch und schreibe deine Meinung daneben.

1. Robbi _____

2. Chef _____

3. Gabriel Schwarz _____

4. erster Roboter _____

5. Jack the Ghost _____

6. Robbi _____

Arbeitsauftrag 3:

Was bedeutet der Begriff „Kinderkrankheiten"? Kläre die wörtliche Bedeutung und den übertragenen Sinn dieses Begriffes an einem Beispiel. Beschreibe zwei weitere Beispiele.

Lösungshilfe: Die wörtliche Bedeutung und den übertragenen Sinn des Begriffes „Kinderkrankheiten" von Butler I sind relativ einfach zu erklären. Schwieriger ist es schon zwei weitere Beispiele zu finden. Wir geben dir aber im Anhang einen Tipp dazu. Schreibe im Stichwortgerüst die beiden Bedeutungen in Stichpunkten daneben. Schreibe so wie hier:

Begriff	wörtliche Bedeutung	übertragene Bedeutung
Kinderkrankheiten	_____	_____
_____	_____	_____
_____	_____	_____

Das Aufsatzgerüst: Arbeitsauftrag Nr. 3

Wenn du alle Arbeitsaufträge im Stichwortgerüst skizziert hast, machst du dich im Aufsatzgerüst an die Überarbeitung. In diesem Fall ist es einfach. Aus den Stichworten formulierst du nur Sätze. In diesem Buch „zerlegen" wir praktisch das Aufsatzgerüst in kleine Abschnitte. Wie das ganze Aufsatzgerüst dann aussieht, siehst du am Ende dieses Kapitels. Formuliere nun aus den Stichpunkten Sätze.

Arbeitsauftrag 4:

Im Text ist von mehreren funktionierenden Robotern die Rede. Nenne sie und zähle stichpunktartig auf, was sie machen können. Fasse ähnliche Tätigkeiten dabei zusammen.

Lösungshilfe: Bei diesem Arbeitsauftrag sind drei Aspekte besonders wichtig. Findest du sie?

_____   _____   _____

☞ *Ein Tipp:*

- Lies den Arbeitsauftrag genau durch, bevor du ihn bearbeitest. Manchmal kommt es nur auf ein bestimmtes Wort an.

Nenne den Roboter, der noch nicht funktioniert: _____

Das Stichwortgerüst: Arbeitsauftrag Nr. 4

Zähle die Roboter auf, die funktionieren. Schreibe sie in die linke Zeile. Ordne dann die Tätigkeiten zu. Damit du es einfacher hast, haben wir dir Tätigkeiten vorgegeben. Streiche durch. Wurde etwas vergessen?

Mit Robotern leben

begrüßt den Gast, bietet drei verschiedene Getränke an, blinkt mit den Lampenaugen, bringt auf Zuruf Dinge, bringt Getränke, deckt den Tisch, putzt, erschreckt die Besucher, geht in ein anderes Zimmer, grinst, hängt Kleider auf, konnte sprechen, konnte bestimmte Dinge tun, öffnet die Autotür, öffnet den Mund, öffnet die Tür, räumt den Tisch ab, schließt die Autotür, schließt die Eingangstüre, spuckt Kleinigkeiten aus, spielt Schach, spielt Klavier, stellt sich vor, verschafft Kühlung, verschluckt Kleinigkeiten, wackelt mit den Ohren, weist den Weg, wischt Staub, zwinkert mit den Augen

Das Aufsatzgerüst: Arbeitsauftrag Nr. 4

Fasse jetzt im Aufsatzgerüst Tätigkeiten zusammen. Ordne im Stichwortgerüst bei den einzelnen Robotern mit Pfeilen zu, was man zusammenfassen kann. Die Punktzahl bietet einen Anhaltspunkt, wie viel Tätigkeiten es sein können.

☞ *Ein Tipp:*

- Fasse zusammen, was inhaltlich zusammengehört. Damit zeigst du, dass du einen Überblick hast.

Auch ich fasse mich jetzt zusammen und tue mal was Gutes!

Was ist denn damit gemeint? Nenne die beiden Bedeutungen des Begriffes „zusammenfassen".

1. _____ 2. _____

Übung: Oberbegriffe finden – Zusammenfassen

Die folgende Übung ist sehr wichtig. Immer wieder musst du etwas zusammenfassen. Am besten geht das bei Hauptwörtern (Substantiva) mit Oberbegriffen. Aber auch andere Wortarten kann man zusammenfassen. Dies kann ein Wort oder eine Umschreibung sein. Aber nicht nur das! Auch Texte kann man zusammenfassen. Das üben wir jetzt einmal ganz intensiv. Auf der linken Seite findest du Beispiele, die sich zusammenfassen lassen, und unten Oberbegriffe, die du zuordnen kannst.

die Tür öffnen – die Tür schließen _____

putzen – wischen – kehren _____

Schach spielen – Mühle spielen – Ball spielen _____

Schule – Kirche – Rathaus – Einfamilienhaus _____

aufräumen – Kleider aufhängen und zusammenlegen _____

Klavier spielen – Flöte spielen – Orgel spielen _____

grinsen – wackeln – zwinkern – zittern – öffnen _____

Bier – Wein – Limonade – Mineralwasser – Cola _____

Prospekt – Buch – Broschüre – Zeitschrift _____

Bleistift – Kugelschreiber – Füller – Filzstift _____

Küchenlampe – Schreibtischlampe – Außenlampe _____

Küchenwaage – Personenwaage – Briefwaage _____

Glasbecher – Tasse – Krug – Schüssel – Saftglas _____

entzweit – verkracht – zerstritten – verzankt _____

Unverschämtheit – Dreistigkeit – Ungezogenheit _____

Ausgelassenheit – Freude – Lustigkeit – Frohsinn _____

Aufschneiderei – Wichtigtuerei – Großsprechertum _____

Beigabe – Beiwerk – Zulage – Zutat _____

Wirsing – Blumenkohl – Kohlrabi – Sellerie _____

Apfel – Birne – Orange – Pflaume – Mirabelle _____

Schaufenster – Schaukasten – Vitrine _____

Hund – Katze – Ameise – Affe – Eidechse – Esel _____

Fisch – Krustentier – Muschel – Qualle – Robbe _____

4 – 6 – 90 – 1 – 15 – 547 – 1008 – 1901 – 7789 _____

Lösung: *Angeberei, Auslage, Beilage, Druckwerk, etwas betätigen, Frechheit, für Ordnung sorgen, Gebäude, Gemüse, Getränke, Heiterkeit, Hohlkörper (Gefäß), Lampe (Beleuchtungskörper), musizieren, Obst, säubern, Schreibmaterial, sich bewegen, spielen, Tier, verfeindet, Waage (Messgerät), Wassertier, Zahlen*

Mit Robotern leben

Die letzte Übung war relativ leicht, auch wenn du manchmal überlegen musstest. Bei der folgenden Übung fassen wir Sätze und Kurztexte zusammen. Das ist sicherlich schwerer, kommt aber in der Textarbeit häufig vor. Deswegen solltest du diese Übung konzentriert durchführen. Wir halten uns dabei an unseren Text.

Text

Ein Roboter öffnet dem Besucher die Tür, stellt sich als „Robbi" vor, begrüßt ihn und sagt ihm, wohin er gehen soll. Dann schließt er die Tür.

Wünscht der Besucher eine Limo, greift „Chef" an seine linke Seite und holt eine eisgekühlte Limonade heraus. Wünscht man dagegen ein Bier, streichelt Chef zuerst seinen Bauch, stimmt dann das Lied: „Bier her, Bier her, oder ich fall um!" an, öffnet eine Bauchklappe und bietet dem Gast eine Flasche an, die er natürlich mit seinen Stahlfingern ohne weitere Hilfsmittel geöffnet hat. Wenn man Wasser wünscht, bekommt man dieses auch.

So mancher Gast stößt gleich nach seinem Wunsch, nur Wasser zu trinken, Entsetzensrufe aus, denn der Chef reagiert prompt: Zuerst rülpst er, dann holt er laut und unter entsprechenden Geräuschen tief Luft, langt an seinen Kopf, kratzt sich seine Glatze und holt ein Glas aus seinem Kopf. Dann hält der Chef das Glas an seinen Mund und spritzt aus seinem Mund, seiner Nase und seinen Augen gleichzeitig in großem Bogen Wasser in das Glas.

Anschließend bietet er ihm in aller Freundlichkeit, bei der die Augen zwinkern, der Mund grinst, und die Ohren schlackern, das Glas Wasser an.

Danach verzieht sich der Chef in ein anderes Zimmer.

Gabriel Schwarz erzählt dem staunenden Gast, dass er bereits mit elf Jahren seinen ersten Roboter bastelte. Er verschlang Sciencefictionromane wie andere Altersgenossen Karl-May-Bücher. Diese Romane brachten ihn auf die Idee, Roboter zu bauen. Und so zeichnete er Pläne, bastelte mit vielen Stoffen, Elektronikbauteilen und Werkzeugen, bis ihm schließlich der Plan ausgereift erschien.

„Butler I" war sein erster Roboter. Er bestand aus Pappe, mehreren Lämpchen und verschiedenen Motoren. Anstelle der Haare hatte er einen Sonnenkollektor, auf der Stirn bewegte sich ein Ventilator, der im Sommer Kühlung beim Nachdenken verschaffte. Die roten Lampenaugen blinkten ständig. Auf Knopfdruck in der Nabelgegend öffnete sich der Mund ganz weit, um bestimmte Kleinigkeiten zu verschlucken.

Zusammenfassung

_____

_____

Versuche einmal, diesen Absatz ganz kurz zu machen.

_____

_____

_____

_____

_____

Hier kannst du besonders viel zusammenfassen.

_____

_____

_____

_____

_____

_____

_____

_____

_____

_____

_____

_____

_____

_____

Arbeitsauftrag 5:

Im Text heißt es an einer Stelle, dass ein Roboter hilfreiche und unliebsame Dinge tun konnte. Zitiere den Satz und beschreibe, was dieser Roboter alles tun könnte, wenn es dein Roboter wäre (Umfang ca. eine halbe Seite).

Lösungshilfe: Der Arbeitsauftrag ist zweigeteilt. Schreibe auf, was du machen sollst.

1. _____

2. _____

Führe jetzt den ersten Arbeitsauftrag aus.

_____
_____
_____
_____

Das Stichwortgerüst: Arbeitsauftrag Nr. 5

Für den zweiten Arbeitsauftrag geben wir dir Hilfestellung. Das Stichwortgerüst hilft dir dabei. Hier schreiben wir wie immer eine Stoffsammlung. Doch bevor du anfängst, solltest du den Arbeitsauftrag 5 noch einmal konzentriert durchlesen. Denke daran, dass du in der Vergangenheit (wenn du deinen Text in den ganzen Text einordnest, so als wäre er von Gabriel Schwarz) oder in der Möglichkeitsform („… könnte") schreiben musst. Dieser Arbeitsauftrag ist zweigeteilt. Schreibe auf, welche Eigenschaften dieser Roboter haben sollte.

_____ und _____

Bei der folgenden Stoffsammlung ist deine Fantasie gefragt. Am besten ist es, zwei Spalten anzulegen. Wir schlagen dir vor, ruhig etwas lustige „Dinge" tun zu lassen. Überlege dir je 10 Stichpunkte.

hilfreiche Dinge	unliebsame Dinge

Mit Robotern leben

Das Aufsatzgerüst: Arbeitsauftrag Nr. 5

Im Aufsatzgerüst wird das Stichwortgerüst immer überarbeitet. Ordne jetzt deine Stichpunkte und nummeriere sie im Stichwortgerüst so, dass sich eine Steigerung der Tätigkeiten ergibt. Schreibe dann anschließend im Aufsatzgerüst zu jedem Punkt zwei bis drei Sätze.

Eine Gliederung erstellen

Ein Nachtrag und eine gute Übung für eine Gliederung: Wie würdest du den Arbeitsauftrag Nr. 5 des Aufsatzgerüstes gliedern? Nimm jeweils nur die ersten drei Punkte. Gliedere nach folgendem Schema.

Überschrift _____

A _____

1. Gliederungspunkt _____

2. Gliederungspunkt _____

3. Gliederungspunkt _____

B _____

1. Gliederungspunkt _____

2. Gliederungspunkt _____

3. Gliederungspunkt _____

„Ich erfinde einen Roboter, der mir meine Mathe-Hausaufgaben abnimmt!"

Ein Tipp: Man könnte es auch folgendermaßen gliedern:

Überschrift _____
1. _____
   a) _____
   b) _____
   c) _____
2. _____
   a) _____
   b) _____
   c) _____

Cornelia hat folgende Ausführung in ihr Aufsatzgerüst geschrieben. Anhand dieses Beispiels lernst du, wie du dein Aufsatzgerüst bearbeiten kannst.

> *Jack the Ghost war ein sehr hilfreicher Geselle. Er stand im Flur wie eine Art Flurgarderobe. Wenn ein Gast kam, sprach er ihn an, dass er hier seine Kleider aufhängen könne. Er machte seine Arme auf und schob einen Kleiderhaken heraus. Die Bügel hingen an seinem Bauch. Wenn der Gast einen Bügel nahm, ertönte ein lauter Gong. Wenn das Kleidungsstück dann an den Arm gehängt wurde, sagte er: „Danke!" Nach 2 Sekunden zog er den Kleiderhaken wieder ein und ließ das Kleidungsstück fallen. Die „Entschuldigung!" folgte sofort mit dem Zusatz: „Können Sie denn das nicht besser hinhängen?" Wenn der Gast dann im Wohnzimmer war, ging Jack the Ghost in das Schlafzimmer und legte das Kleidungsstück auf das Bett und ging zurück in den Flur. Wie ein „Scheinheiliger" machte er wieder seine Arme auf und wartete auf den Gast. Wenn dieser kam und sein Kleidungsstück suchte, lachte Jack the Ghost fürchterlich laut und sagte: „Das alte Ding habe ich zum Fenster hinausgeworfen!" ....*

Überlege selbst, ob es sich hier um die hilfreiche oder unliebsame Tätigkeit handelt.
Was würdest du daran aussetzen?

Sätze verbessern

1. Wir suchen Bindewörter

In den anderen Bänden dieser Aufsatzreihe hast du die Bindewörter kennen gelernt. Diese verbinden Sätze. Hierbei gibt es verschiedene Arten von Bindewörtern. Ordne jetzt einmal selbst zu. Manche können mehrmals zugeordnet werden. Schreibe mit Bleistift, damit du verbessern kannst. Vergleiche dann im Lösungsteil und stelle richtig. Denke daran, dass einige zusammengesetzte Wendungen sind.

Anreihende Bindewörter: Sie reihen Sätze oder einzelne Satzteile gleichwertig aneinander:

_____

_____

_____

Mit Robotern leben

Begründende Bindewörter: Sie begründen einen vorausgehenden Satz oder Satzteil:

_____

Folgernde Bindewörter: Sie leiten eine Folgerung aus einem Satz oder Satzteil ein:

_____

Ausschließende Bindewörter: Sie stellen einen Satz oder Satzteil einem anderen entgegen:

_____
_____
_____

Wechselnde Satzanfänge:

_____
_____

aber, abgesehen von, allein, also, also, andererseits, andernfalls, Anschließend, ansonsten, auch, außer, außerdem, Bevor, da, dagegen, daher, Danach, dann, Dann, dann, Darauf, Daraufhin, darum, demnach, demzufolge, denn, dennoch, des Weiteren, desgleichen, deshalb, deswegen, doch, ebenfalls, ebenso, endlich, Endlich, entweder ... oder, erst ..., dann, ferner, folglich, genauso wie, gleichwohl, hernach, hingegen, indessen, ja, Je ..., jedoch, Kurze Zeit später, mithin, Nachdem, nämlich, neben, nicht nur ..., sondern auch, obwohl, oder, oder aber, Schließlich, so, somit, sondern, sonst, sowie, trotzdem, überdies, um so mehr , und, Und dann, unter anderem, vielmehr, weil, weil ja, weiter, weiterhin, Wenn, zudem, Zuerst, zuletzt, Zunächst, zusätzlich, zwar ..., aber

Verbessere jetzt einige Satzanfänge und verbinde Sätze.

2. Wortarbeit

Mit Wortfeldern wechselst du im Ausdruck ab und schreibst genauer.

Findest du die drei Wörter?

dungs – Klei – mach – sag – stück – te – te

Wenn du die Silben richtig zusammensetzt, hast du die Lösung. Schreibe sie links untereinander. Ordne dann auf der rechten Seite die unten stehenden Wörter zu.

Drei Wörter gefallen mir nicht!

_____
_____
_____
_____

antworten – ausbreiten – Bekleidung – breit machen – brüllen – entgegnen – erheben – hochheben – Jacke – Mantel – reagieren – Regenmantel – rufen – schreien – Übermantel – Überrock – Überzieher

☛ *Zwei Tipps:*

- Wenn du mit bedeutungsähnlichen Wörtern (= Synonyme) oder Wortfeldern arbeitest, bringst du Abwechslung im Ausdruck.
- Schreibe keine Ziffern, wenn eine Anzahl oder Menge genannt wird.

Der zweite Tipp gibt dir den Hinweis, in Cornelias Aufsatzgerüst etwas zu verbessern. Außerdem kann man zwischen „*... wartete auf (den Gast) ...*" noch ein Wörtchen einfügen.

Arbeitsauftrag 6:

Gabriel Schwarz wollte sich Hausarbeiten ersparen. Erörtere, warum Eltern von ihren Kindern Hausarbeiten verlangen und wie ihre Kinder reagieren. Finde Lösungsmöglichkeiten, die beide zufrieden stellen (Umfang ca. eine Seite).

Lösungshilfe: Der Arbeitsauftrag ist dreigeteilt. Schreibe die drei Teile heraus. Übertrage sie in das Stichwortgerüst.

1. _____
2. _____
3. _____

Beim ersten Teil ist eine W-Frage wichtig: _____?

Beim zweiten Teil ist eine andere W-Frage wichtig: _____?

Daraus ergibt sich eine dreigeteilte Gliederung für deine Ausarbeitung. Übertrage diese in das Stichwortgerüst:

a) aus der Sicht der Eltern
b) Reaktion der Kinder
c) Lösungsmöglichkeiten

Das Stichwortgerüst: Einfälle sammeln

Im Stichwortgerüst werden Informationen oder Einfälle zu einer Arbeitsfrage stichpunktartig gesammelt und später für das Aufsatzgerüst verwendet. Trage also in das Stichwortgerüst deine Einfälle ein.

Warum Eltern von ihren Kindern Hausarbeiten verlangen _____

_____

Wie ihre Kinder reagieren _____

_____

Lösungsmöglichkeiten, die beide zufrieden stellen _____

_____

Das Aufsatzgerüst: einen Text formulieren

Formuliere nun anhand des Stichwortgerüstes selbst ohne Hilfe einen zusammenhängenden Text. Schreibe am besten mit Bleistift, damit du verbessern kannst. Es kann durchaus sein, dass dein Aufsatzgerüst bereits Sätze oder Absätze enthält, die schon so „perfekt" sind, dass du sie im Aufsatz verwenden kannst.

Musterbeispiel eines Stichwortgerüsts

Wie das fertige Stichwortgerüst aussehen kann, zeigt dir ein Beispiel. Da du dir bei den Arbeitsaufträgen Nr. 5 und 6 selbst Gedanken machen sollst, geben wir dir einmal keine Vorlage.

Wichtig! W-Fragen, Bindewörter, Rechtschreibung, Zeit, Zeitenfolge, Begründungen, Satzanfänge, Abwechslung im Ausdruck, meine Meinung, im Wörterbuch nachschlagen, …

1. Arbeitsauftrag: *11 Jahre + 8 Jahre (Zeile 19 – 33)*

2. Arbeitsauftrag: *1.: Roboter, Robbi – 2.: Chef, bietet Getränke an, Limo, Bier, Wasser – 3.: elf Jahren, ersten Roboter, lästigen Hausarbeiten – 4.: Butler I, erster Roboter, Sonnenkollektor, Ventilator, Lampenaugen blinkten, Mund – 5.: Jack the Ghost, Besucher erschrecken, sprechen, Dinge tun – 6.: Ideen, Robbi, zwei Monate, Robbi II in Planung*

3. Arbeitsauftrag: *Kinderkrankheiten: Krankheiten, die Kinder haben – Anfangsfehler*
… (zwei weitere eigene Beispiele)

4. Arbeitsauftrag: *<u>Robbi</u>: öffnet die Tür, schließt die Eingangstüre, stellt sich vor, begrüßt den Gast, weist den Weg, putzt, wischt Staub, deckt den Tisch, räumt Tisch ab, öffnet die Autotür, schließt die Autotür, hängt Kleider auf, bringt auf Zuruf Dinge, spielt Schach, spielt Klavier*

<u>Chef</u>: bietet drei verschiedene Getränke an, bringt Getränke, zwinkert mit den Augen, grinst, wackelt mit den Ohren, geht in ein anderes Zimmer

<u>Butler I</u>: verschafft Kühlung, blinkt mit den Lampenaugen, öffnet den Mund, verschluckt Kleinigkeiten, spuckt Kleinigkeiten wieder aus

<u>Jack the Ghost</u>: erschreckt die Besucher, konnte sprechen, konnte bestimmte Dinge tun

5. Arbeitsauftrag: *1. den Satz zitieren: „Jack the Ghost konnte sowohl sprechen als auch hilfreiche oder unliebsame Dinge tun, von denen noch heute manche Verwandten ein Lied singen können."*
2. beschreiben, was der Roboter alles konnte: hilfreiche und unliebsame Dinge tun
Nur 1 Bereich! Küche
hilfreiche Dinge: …
unliebsame Dinge: …
– 5 x „Wenn"- Sätze ändern + verbinden
– Wortarbeit: machte – sagte – Kleidungsstück
…

6. Arbeitsauftrag: *Warum Eltern von ihren Kindern Hausarbeiten verlangen:*
…
Wie ihre Kinder reagieren:
…
Finde Lösungsmöglichkeiten, die beide zufrieden stellen:
…

Musterbeispiel eines Aufsatzgerüsts

Wie das fertige Aufsatzgerüst aussehen kann, zeigt dir dieses Beispiel. Da du dir bei den Arbeitsaufträgen Nr. 5 und 6 selbst Gedanken machen sollst, geben wir dir einmal keine Vorlage.

1. Arbeitsauftrag: *Aus den Zeilen 20 und 34 kann man entnehmen, dass Gabriel Schwarz 19 Jahre alt ist.*

2. Arbeitsauftrag: *Gliederung: Robbi bittet herein*
Begrüßung durch den Chef
Gabriel Schwarz erzählt von sich
Der erste Roboter: Butler I
Jack the Ghost
Robbis Hausarbeiten

3. Arbeitsauftrag: *Der Begriff „Kinderkrankheiten" bedeutet in der wörtlichen Bedeutung „Krankheiten, die Kinder haben". Im übertragenen Sinn sind damit Anfangsfehler gemeint, die ein Produkt hat.*
… (zwei weitere eigene Beispiele)

4. Arbeitsauftrag: *<u>Robbi</u>: betätigt die Eingangstüre, stellt sich vor, begrüßt den Gast, weist den Weg, säubert, deckt den Tisch und räumt ihn ab, betätigt die Autotür, hängt Kleider auf, bringt auf Zuruf Dinge, spielt*

<u>Chef</u>: bietet Getränke an, bewegt sich, geht in ein anderes Zimmer

<u>Butler I</u>: kühlt, blinkt, öffnet den Mund, verschluckt Kleinigkeiten, spuckt aus

<u>Jack the Ghost</u>: erschreckt Besucher, spricht, tut etwas

5. Arbeitsauftrag: *hilfreiche Dinge: …*
unliebsame Dinge: …
… (jeweils eigene Beispiele)

6. Arbeitsauftrag: *Gliederung*
Warum Eltern von ihren Kindern Hausarbeiten verlangen:
… (eigene Beispiele)
Wie ihre Kinder reagieren:
… (eigene Beispiele)
Finde Lösungsmöglichkeiten, die beide zufrieden stellen:
… (eigene Beispiele)

Gratuliere! Dieses Mal hast du wirklich viel gelernt! Jetzt kannst du vielleicht einmal selbst etwas erfinden.

Raser sollen blechen

Bußgeld-Reform geplant

Bonn – Das Bundesjustizministerium will die Höchstgrenze für Bußgelder von 1000 Mark auf 2000 Mark heraufsetzen. Mit der Verdoppelung liegt das Justizministerium noch weit unter der Forderung des Verkehrsministeriums, das Raser mit bis zu 3000 Mark zur Kasse bitten will. Beide Ministerien betonen aber: „Die Richtung ist gemeinsam."

Wie die Sprecherin des Justizministeriums erklärte, sei die Obergrenze von Ordnungswidrigkeiten im allgemeinen Bußgeldrahmen seit 1968 nicht mehr angepasst worden. Bisher kann ein Bußgeld von mindestens fünf und höchstens 1000 Mark bei Vorsatz verhängt werden.

Wie das Bundesjustizministerium in einer Pressenotiz erklärte, sollen mit der Reform des Ordnungswidrigkeitsrechts auch die Gerichte entlastet werden. Ein Großteil ihrer Aufgaben hat mit Bußgeldern im Zusammenhang mit Verkehrsdelikten zu tun.

ADAC und die Verkehrsrechtsanwälte sprachen sich gegen die Bußgeld-Reform aus. Sie stelle nach ihrer Ansicht eine Beschneidung von Bürgerrechten dar.

Arbeitsaufträge:

	Punkte

1. Kläre die folgenden Begriffe in ganzen Sätzen:
   a) Bußgeld
   b) Verkehrsdelikt
   c) eine vorsätzliche Tat
   d) Bußgeldrahmen
   e) Ordnungswidrigkeit
	5

2. Im Text ist von zwei verschiedenen Ministerien die Rede. Nenne sie und erkläre, warum nicht nur ein Ministerium, sondern beide Ministerien an der Bußgeld-Reform beteiligt sind.	2
3. Erläutere, warum die beiden Ministerien eine Bußgeld-Reform wünschen. (Umfang ca. eine halbe Seite)!	6
4. Verfasse einen Aufruf an jugendliche Moped- und Motorradfahrer, die vor den Gefahren einer überhöhten Geschwindigkeit im Straßenverkehr gewarnt werden sollen! Achte dabei auf eine ansprechende Überschrift und überzeugende Begründungen! (Umfang ca. eine Seite)	9
5. Bist du derselben Meinung wie die beiden Ministerien? Begründe deinen Standpunkt in einem Leserbrief für eine Tageszeitung näher (Umfang ca. eine halbe Seite)!	6
	28

Lösungsmöglichkeiten der einzelnen Arbeitsaufträge

Im folgenden Abschnitt geben wir dir Hilfen zu den einzelnen Arbeitsaufträgen.

Arbeitsauftrag 1:

Kläre die folgenden Begriffe in ganzen Sätzen:
a) Bußgeld
b) Verkehrsdelikt
c) Vorsatz
d) Bußgeldrahmen
e) Ordnungswidrigkeit

Lösungshilfe: Sicherlich fällt es dir nicht schwer, diese Begriffe zu erklären. Gut ist es auch, ein Beispiel zu bringen.

Raser sollen blechen

Begriffe klären

Bußgeld: _____

Verkehrsdelikt: _____

Vorsatz: _____

Bußgeldrahmen: _____

Ordnungswidrigkeit: _____

Was meinst du dazu? Vergleiche mit Brunos Erklärung darunter.

Fabian schreibt:
Ein Bußgeld ist eine Geldstrafe, die z. B. ein Verkehrssünder zahlen muss.
Wenn ein Autofahrer mit 70 km/h durch eine Ortschaft fährt, begeht er ein Verkehrsdelikt.
Wenn jemand etwas mit Absicht tut, tut er etwas mit Vorsatz.
Ein Bußgeldrahmen ist der Rahmen, in dem sich das Bußgeld bewegt.
Eine Ordnungswidrigkeit ist ein strafbares Vergehen.

Bruno schreibt:
Ein Bußgeld ist eine Strafe.
Ein Verkehrsdelikt ist eine strafbare Handlung.
Wenn jemand etwas mit Absicht tut, macht er es absichtlich. Vorsätzlich heißt zwar absichtlich, aber mit Vorsatz. Man hat sich also vorher etwas überlegt, das man dann auch ausführt.
Ein Bußgeld bewegt sich in einem bestimmten Rahmen mit einer Obergrenze und einer Untergrenze.
Eine Ordnungswidrigkeit darf man nicht begehen.

Arbeitsauftrag 2:

Im Text ist von zwei verschiedenen Ministerien die Rede. Nenne sie und erkläre, warum nicht nur ein Ministerium, sondern beide Ministerien an der Bußgeld-Reform beteiligt sind.

Lösungshilfe: Die ersten Angaben findest du im Text. Dafür brauchst du keinen Satz zu schreiben, denn du sollst sie nur „nennen". Nenne sie.

_____ _____

Was ist eine Reform? Umrahme die richtige Erklärung.   **Umgestaltung   Neugestaltung   Neuheit**
Zum zweiten Teil des Arbeitsauftrages schreibt Kai:

Das Verkehrsministerium erlässt die Verordnungen einer Bußgeld-Reform und das Bundesjustizministerium sorgt dafür, dass sie auch eingehalten werden.

Stimmt das? – Deine Erklärung:

_____

Arbeitsauftrag 3:

Erläutere, warum die beiden Ministerien eine Bußgeld-Reform wünschen (Umfang ca. eine halbe Seite).

Lösungshilfe: Überlege dir stichpunktartig drei bis fünf Gründe.

Das Stichwortgerüst: Stoffsammlung

Gründe: _____
_____
_____
_____

Vielleicht helfen dir auch diese Stichworte.

bisherige Möglichkeiten sind überholt – bisherige Regelungen werden nicht eingehalten – auf den Straßen sind noch zu viele Raser – die bisherigen Geldstrafen empfinden manche Fahrer nicht als Strafe – manche Fahrer erachten die bisherigen Geldstrafen als zu gering – der Bußgeldrahmen ist zu niedrig und soll den jetzigen Einkommen angepasst werden – man will die Gerichte entlasten – …

Das Aufsatzgerüst: einen Text zu Ende schreiben

Wolfgang hat so begonnen. Setze jetzt die Ausführungen fort.

Wie die Erfahrungen mit der bisherigen Bußgeldpraxis zeigen, werden die geltenden Regeln von vielen Verkehrsteilnehmern nicht eingehalten. Manche Fahrer übertreten ganz bewusst die Geschwindigkeitsanordnungen, weil sie die niedrigen Geldbußen nicht als Strafe empfinden. Sie zahlen lieber einen geringen Betrag, als dass sie sich verantwortlich zeigen und der vorgeschriebenen Geschwindigkeitsgrenze anpassen. Diese Überlegungen haben das Verkehrsministerium und das Bundesjustizministerium dazu bewogen, …

Raser sollen blechen

Arbeitsauftrag 4:

**Verfasse einen Aufruf an jugendliche Moped- und Motorradfahrer, die vor den Gefahren einer überhöhten Geschwindigkeit im Straßenverkehr gewarnt werden sollen.
Achte dabei auf eine ansprechende Überschrift und überzeugende Begründungen! (Umfang ca. eine Seite)**

Lösungshilfe: Einige Begriffe dieses Arbeitsauftrages sind wichtig. Der Aufruf ist nicht an alle motorisierten Verkehrsteilnehmer gerichtet, sondern …

an _____ _____ und _____

Sie sollen vor einer _____ im _____

_____ werden.

Damit ist die Zielgruppe klar, denn Jugendliche werden anders angesprochen als Erwachsene. Schon die Überschrift soll sie zum Lesen deines Aufrufes anregen. Finde drei Möglichkeiten.

Überschriften:

_____

_____

_____

Übertrage die beste in das Aufsatzgerüst auf der nächsten Seite.

In einem Aufruf musst du zunächst deine Zielgruppe informieren. Sammle im Stichwortgerüst also Argumente, die vor einer zu hohen Geschwindigkeit warnen. An die W-Fragen solltest du immer denken.

☞ *Einige Tipps:*

- Wecke das Interesse deiner Zielgruppe. Schreibe die Anredewörter klein.
- Überlege dir eine logische Reihenfolge der Argumente.
- Belege deine Ausführungen durch Beispiele. Bringe Einzelheiten.
- Denke an die W-Fragen.

Das Stichwortgerüst: Argumente sammeln

Wer? – Wie? – Was? – Wo? – Warum? – Wann?
Argumente, die vor einer zu hohen Geschwindigkeit warnen: _____
_____
_____
_____
Warnungen: _____
_____

Das Aufsatzgerüst: einen Aufruf verfassen

Verfasse einen Aufruf an jugendliche Moped- und Motorradfahrer, die vor den Gefahren einer überhöhten Geschwindigkeit im Straßenverkehr gewarnt werden sollen.
Schreibe deinen Aufruf übersichtlich – gegliedert – informativ – verständlich

Formulierungshilfen

Bei diesem Thema helfen dir u. a. folgende Formulierungen: *Denkt daran, … – Überlegt euch, … – Habt ihr … auch gelesen? – … wollen … ausprobieren – Die Grafik zeigt euch, … (wenn eine Grafik vorgegeben ist) – … mehr Verantwortung zu zeigen … – eine Übertretung der Geschwindigkeit ist kein Zeichen von Erwachsensein, sondern … – … ist kein Beweis von Mut und Stärke, sondern … – … kann im Falle eines Unfalls katastrophale Auswirkungen haben: für mich, für den Verletzten, für dessen Familie, … – Leichtsinn oder Vorsatz … – Schon mancher Leichtsinn … – Fazit so mancher … ist/war: … – … zeigt man Reife – seinen Mut kann man auch anders zeigen, z. B. …*

Arbeitsauftrag 5:

Bist du derselben Meinung wie die beiden Ministerien? Begründe deinen Standpunkt in einem Leserbrief für eine Tageszeitung näher (Umfang ca. eine halbe Seite)!

Lösungshilfe: Lies noch einmal auf Seite 22 durch, was wichtig für einen Leserbrief ist. Da hier deine Meinung gefragt ist, solltest du diesen Arbeitsauftrag einmal alleine ausführen.

Das Stichwortgerüst: Arbeitsauftrag Nr. 5

Im Stichwortgerüst werden Informationen oder Einfälle zu einer Arbeitsfrage stichpunktartig gesammelt und später für das Aufsatzgerüst verwendet. Trage also in das Stichwortgerüst deine Einfälle ein. Lies den Text aufmerksam durch! Unterstreiche die entsprechenden Textstellen, zu denen du Stellung nehmen willst.

Einen Leserbrief schreiben

Wenn der gut ist, lese ich ihn auch!

Blauer Dunst – Schein und Wirklichkeit

Trotz erhöhter Tabaksteuer, eingeschränkter Werbung, gesundheitlicher Aufklärung und steigender Unkosten im Gesundheitswesen ist der Tabakkonsum unverändert hoch. Ergebnisse zeigen, dass die Zahl der Raucher in der Gesamtbevölkerung in den letzten Jahren annähernd gleich geblieben ist. In der Altersgruppe der 14- bis 19-Jährigen gaben 28 Prozent an, Raucher zu sein.

Der Altersschwerpunkt der Raucher liegt in der Altersgruppe 20–39 Jahren. Mehr als die Hälfte aller Personen dieser Altersgruppe rauchen. Die Erhebung zeigt aber auch, dass das „Einstiegsalter", also das Alter, in dem angefangen wurde zu rauchen, sinkt. Von den befragten Rauchern gaben 11 Prozent an, bereits vor ihrem 14. Lebensjahr mit dem Rauchen begonnen zu haben. Zunehmend greifen also jüngere Menschen nach dem „Glimmstängel", obwohl erwiesen ist, dass gerade Jugendliche durch Nikotin und andere schädliche Stoffe besonders gefährdet sind.

Die Auswirkungen kennt jedes Kind: In erster Linie sind gesundheitliche Störungen zu nennen, die auch Passivraucher bekommen. Aber auch die sozialen und ökonomischen Auswirkungen sind nicht zu unterschätzen. Obwohl die Tabaksteuer im Bundeshaushalt eine zweistellige Milliardensumme beträgt, beziffert die Bundesregierung die jährlichen Schäden, die Tabakrauch verursachen, alleine in der Bundesrepublik auf mindestens doppelt so viel Milliarden Mark. Die Kostenexplosion im Gesundheitswesen kann nicht zuletzt nur dann eingedämmt werden, wenn es gelingt, die immensen Ausgaben, die auch die Krankenkassen für Raucherkrankheiten ausgeben, zu mindern. Am Arbeitsplatz entstehen immer wieder Spannungen, weil sich Passivraucher ihr Recht auf rauchfreie Atemluft erst erstreiten müssen. Sie bekommen den Rauch des Nebenstroms mit.

In vielen Untersuchungen wurden erschreckende Schicksale von Rauchern aufgeführt. Nach Schätzungen der Bundesregierung sterben in der Bundesrepublik Deutschland jedes Jahr weit über 100 000 Menschen alleine an Raucherkrankheiten. Weitere 100 000 Menschen scheiden pro Jahr bei uns als Frühinvaliden vorzeitig aus dem Berufsleben aus – nur weil sie Raucher waren.

Angesichts dieser Zahlen fordern viele Seiten, Kinder und Jugendliche vom Rauchen abzuhalten und Nichtraucher zu schützen, vor allem deswegen, weil über die Hälfte der Bevölkerung nicht raucht. Aber Aufklärung allein kann nicht viel nützen. Wichtiger ist es, die irreführende Werbung einzustellen.

Arbeitsaufträge:

Punkte

1. Kläre die Begriffe in einem Satz:
   a) Einstiegsalter
   b) Passivraucher — 1

2. Warum wird geraucht? Führe ein Interview mit Jugendlichen zu den Themen „Warum wird geraucht?, Mit dem Rauchen aufhören" durch (Fragen – stichpunktartige Antworten). Versetze dich abwechselnd in die Rolle des Interviewers und Interviewten. Zirka acht Fragen und Antworten sollen genügen. — 8

3. Führe stichpunktartig Auswirkungen des Rauchens auf. — 4

4. Der Text spricht von irreführender Werbung. Fasse deine Meinung in Form eines Kurzberichtes für die Schülerzeitung zusammen (Umfang ca. eine halbe Seite). — 4

5. Warum fangen Jugendliche dennoch mit dem Rauchen an, obwohl sie wissen, wie schädlich es ist? Stelle Vorteile des Nichtrauchens den Nachteilen des Rauchens gegenüber (Umfang ca. eine halbe Seite). — 4

6. Dein Briefpartner ist Raucher und möchte sich das Rauchen abgewöhnen. Schreibe ihm einen Brief und gib ihm Ratschläge. Mache ihm keine Vorwürfe, sondern gib ihm Hilfestellung. Du kannst dabei den Arbeitsauftrag Nr. 5 verwenden (Umfang ca. eine Seite). — 7

28

Blauer Dunst

Lösungsmöglichkeiten der einzelnen Arbeitsaufträge

Im folgenden Abschnitt geben wir dir Hilfen
zu den einzelnen Arbeitsaufträgen.

Mein Tipp: Lass die Finger davon!

Arbeitsauftrag 1:

Kläre die Begriffe in einem Satz:
a) Einstiegsalter
b) Passivraucher

Lösungshilfe: Dieser Arbeitsauftrag ist einfach zu beantworten. Umrahme die Erklärungen, die zutreffen.

Zwölfjähriger – Nichtraucher – alle Männer und Frauen – unfreiwilliger Mitraucher – Genussraucher – Beginn einer Sache – Kind – Gewohnheitsraucher – Baby – Person, die ungewollt mitraucht – Alter, mit dem man mit einer Sache beginnt – Jugendlicher – jedes Kind – Gäste in einem Restaurant – kranke Menschen – mit 14 – Mensch, der nie raucht – Arzt – Schulkind

Jetzt bist du an der Reihe. Schreibe als Satz.

Einstiegsalter: _____

Passivraucher: _____

Arbeitsauftrag 2:

Führe ein Interview mit Jugendlichen zu den Themen „Warum wird geraucht?, Mit dem Rauchen aufhören" durch (Fragen – stichpunktartige Antworten). Versetze dich abwechselnd in die Rolle des Interviewers und Interviewten. Zirka acht Fragen und Antworten sollen genügen.

Lösungshilfe: Diese Aufgabe ist nicht leicht. Auf Seite 24 dieses Buches hast du für die Aufsatzform Interview einige Tipps bekommen. Lies diese noch einmal durch, bevor du anfängst.
Den Anfang und Schluss brauchst du in diesem Fall nicht aufzuführen. Bei diesem Arbeitsauftrag sind nur Fragen und stichpunktartige Antworten verlangt.

Im Arbeitsauftrag steht, wie viel Fragen und Antworten du bringen sollst: _____

Ralph hat folgendes Interview geschrieben, das er mit einem 17-Jährigen, der einmal ein „starker" Raucher war, geführt hat:

Wann hast du mit dem Rauchen angefangen?	*Seit dem 14. Lebensjahr*
Warum rauchtest du?	*Gewohnheit, Entspannung, Langeweile, schmeckt, Zeitvertreib*
Warum hast du damals geraucht?	*Neugierde, Furcht, nicht in Gruppe aufgenommen zu werden, Gefühl, erwachsen zu sein, stark fühlen, mitmachen, Nachahmung*
Welche Gefühle hattest du beim Rauchen?	*beruhigend, Entspannung, befriedigend, angenehm, gehört dazu*
Wann hast du am meisten geraucht?	*wenn nervös, früh, in Gesellschaft, in Freizeit, bei Partys, wenn Langeweile, bei Sorgen und Ärger, wenn Stress*
Wie viel Mark hast du in einer Woche verraucht?	*zwischen 12 und 20 Mark, am Anfang weniger, später mehr, aber auch schon 30 DM*
Warum hast du versucht, mit dem Rauchen aufzuhören?	*Geld sparen, gesundheitliche Gründe, Angst Krebs zu bekommen, Rauch ist oft lästig*
Wie hast du damit angefangen?	*von einem Tag auf den anderen, Kaugummi, starker Wille, andere Hobbies, Selbstbeherrschung, anderer Freundeskreis*
Wann hast du dir das Rauchen abgewöhnt?	*vor einem halben Jahr*
Bleibst du dabei?	*ja, seitdem habe ich mehr Geld und kann mehr unternehmen*

Deine Meinung? _____

Fragen stellen

In der folgenden Übung lernst du, wie du aus Vorgaben eine Frage formulieren kannst. Schreibe jeweils die Frage daneben. Die Anführungszeichen kann man in diesem Fall weglassen.

Ich möchte wissen, ...

- wie alt sie ist
- wie viel DM sie am Tag verraucht
- welche Zigarettenmarke er raucht
- warum er sich für diese entschieden hat
- welches Gefühl er dabei hat
- wo sie raucht
- ob es die Eltern verbieten
- warum sie noch immer raucht, obwohl sie weiß, dass es ungesund ist

Umwandeln: indirekte Form in direkte Form

Jetzt machen wir es anders. Du bekommst Antworten in der indirekten Form vorgegeben. Wandle diese in die direkte Form um. Formuliere dazu auch noch eine Frage. Verwende in diesem Fall die entsprechenden Satzzeichen (Doppelpunkt, Anführungs- und Schlusszeichen). Schreibe mit Bleistift.

Frage	Antwort

Beispiel:
Er sagte, dass er noch nie daran gedacht habe, weniger zu rauchen.
„Hast du schon daran gedacht, weniger zu rauchen?" – „Nein, das habe ich nocht nicht überlegt."

- Sie sagte, dass es doch nicht so schlimm sein könne.

- Er sagte, dass er dazu keine Energie habe.

- Sie sagte, dass sie nicht krank werde, weil sie sonst gesund lebe.

- Er sagte, dass er schon mehrmals rückfällig wurde.

- Sie sagte, dass sie es letzten Endes doch geschafft habe.

- Er sagte, dass es seine Angelegenheit sei und er darüber keine Auskunft gebe.

Wortfelder „fragen" – „sagen" – „antworten"

Sicherlich ist dir aufgefallen, dass bei diesen Beispielen immer das Wort „sagen" verwendet wurde. Das ist aber nicht gut. Dafür gibt es zahlreiche andere Beispiele. Ordne jetzt die folgenden Beispiele den entsprechenden Wortfeldern zu. Manche können mehrmals zugeordnet werden. Streiche durch.

anflehen – angehen (um) – anklopfen – anrufen – ansprechen (um) – ansuchen – antipppen – aufbegehren – aussagen – äußern – beantworten – bedrängen – befragen – behaupten – bekennen – Bescheid geben – beschwören – bestürmen – betteln – bitten – dagegenhalten – dawiderreden – dazwischenrufen – dazwischenwerfen – der Meinung sein – drängen – eine Auskunft erbitten – eine Frage aufwerfen – eine Frage richten (an) – eine Frage stellen – eine Frage vorbringen – eine Frage vorlegen – eingehen auf – Einwände erheben – Einwände machen – einwenden – einwerfen – entgegenhalten – entgegnen – entkräften – erbitten – erflehen – erklären – erkundigen – Erkundigungen einholen – Erkundigungen einziehen – ermitteln – ersuchen (um) – erwidern – finden – flehen – geständig sein – gestehen – glauben – herumhorchen – konsultieren – kontern – Kontra geben – meinen – mitteilen – nachfragen – nachsuchen – offenbaren – protestieren – reagieren – sich absichern – sich ausbitten – sich umhören – sich umtun – sich versichern – sich wenden (an) – um Auskunft bitten – um Rat fragen – versetzen – Veto einlegen – vorbringen – widerlegen – widersprechen – Widerspruch erheben – zu bedenken geben – zu Rate ziehen – zu Rate ziehen – zugeben – zurückgeben – zurückschießen

Wortfeld „sagen"

Wortfeld „antworten"

Wortfeld „fragen"

Das Stichwortgerüst: ein Interview entwerfen

Entwerfe im Stichwortgerüst jetzt selbst ein Interview. Schreibe stichpunktartig Fragen und Antworten auf, die dir spontan einfallen. Schreibe dir in den oberen Kasten hinein, an was du noch denken musst. Später werden wir diese Fragen und Antworten im Aufsatzgerüst ordnen.

W-Fragen! – (stichpunktartig)	
Frage	Antworten

👉 *Zwei Tipps:*

- Beim Interview helfen dir die W-Fragen in besonderer Weise.
- Arbeite mit Wortfeldern, um im Ausdruck abzuwechseln.

Eine logische Reihenfolge finden

Nummeriere die Fragen so, dass sich eine logische Reihenfolge ergibt.

_____ Bleibst du bei deinem Entschluss, nicht mehr zu rauchen?

_____ Seit wann rauchst du?

_____ Wann hast du dir das Rauchen abgewöhnt?

_____ Wann rauchst du am meisten?

_____ Warum hast du mit dem Rauchen angefangen?

_____ Warum hast du versucht, mit dem Rauchen aufzuhören?

_____ Warum rauchst du?

_____ Welche Gefühle hast du beim Rauchen?

_____ Wie hast du damit angefangen?

_____ Wie viel Mark verrauchst du in einer Woche?

_____ Welcher Rauchertyp bist du: Erleichterungsraucher, Gewohnheitsraucher, Genussraucher?

Das Aufsatzgerüst: das Interview

Ordne die Fragen und Antworten aus dem Stichwortgerüst in eine logische Reihenfolge und verwende auch Wörter aus den Wortfeldern.

Frage	Antworten

Arbeitsauftrag 3:

Führe stichpunktartig Auswirkungen des Rauchens auf.

Lösungshilfe: Im Biologieunterricht habt ihr sicherlich über die Gefahren des Rauchens gesprochen, so dass du diesen Arbeitsauftrag ausführen kannst. Natürlich könntest du darüber viele Seiten schreiben. Es genügt aber, wenn du vier Auswirkungen des Rauchens aufführst. Du brauchst keine Sätze zu schreiben.

☞ Ein Tipp:

- Aus der vorgegebenen Punktezahl kannst du oftmals schließen, wie viel du schreiben musst.

Dazu geben wir dir Hilfestellung. Ordne die Auswirkungen den einzelnen Bereichen zu. Einige können mehrmals eingeordnet werden.

Absterben von Fingern – Atemnot – Bindehautentzündung – Bindehautreizung – Blässe – Bluthochdruck – chronische Bronchitis – Darmkrebs – Durchblutungsstörungen – Zungenkrebs – Gehirnschlag – gelbe Finger – gelber Belag – großporige Haut – Herzinfarkt – Kältegefühl – Kehlkopfkrebs – Kopfschmerzen – Kreislaufbeschwerden – Lippenkrebs – Luftknappheit – Lungenkrebs – Magengeschwüre – Magenkrebs – Neigung zu Früh- und Todgeburt – niedrigeres Geburtsgewicht der Kinder – Raucherbein – Raucherhusten – Schlaganfall – Schleimauswurf – Zittern

Kopf: _____

Augen: _____

Zähne: _____

Gehirn: _____

Mundbereich: _____

Bronchien und Lungen: _____

Darm: _____

Magen: _____

Hände und Finger: _____

Beine: _____

Haut: _____

Herz: _____

Frauen: _____

Blauer Dunst

Arbeitsauftrag 4:

Der Text spricht von irreführender Werbung. Fasse deine Meinung in Form eines Kurzberichtes für die Schülerzeitung zusammen (Umfang ca. eine halbe Seite).

Lösungshilfe: Im ersten Satz sind zwei Wörter wichtig: _____ und _____
Du musst also von der *Irreführung* der *Werbung* schreiben.
Hier hilft dir wieder das Stichwortgerüst.

☛ *Ein Tipp:*

- Behandle exemplarisch nur ein Beispiel und verwische es nicht mit anderen Beispielen.

Beispiel für eine irreführende Werbung – Marke: _____

Das Stichwortgerüst: einen Kurzbericht entwerfen

Damit dir die Beantwortung leichter fällt, geben wir dir Leitfragen vor. Die Antworten dazu findest du in entsprechenden Anzeigen oder auf Plakaten.

W-Fragen!
Wo sieht man diese Werbung? _____
Was sieht man auf dem Bild? _____
Was verspricht diese Anzeige? _____
Wie ist die Anzeige gestaltet? _____
Wer soll angesprochen werden? _____
Warum wird der Leser angesprochen? _____
Was ist daran irreführend? _____
Meine Meinung dazu: _____

Schreibbeispiel

Zu diesem Themenkreis schreibt Heiko: (Auszug)

Seit kurzem fällt mir in verschiedenen Zeitschriften eine ganz neue Anzeige für Zigaretten auf, die sich an alle „jungen" Menschen wenden will.
Meine Meinung dazu: Diese Tabakwerbung zeigt keine älteren Menschen oder Personen, die hart arbeiten. Sie zeigt nur das Gegenteil! Sie will Sehnsüchte und geheime Wünsche erfüllen, die scheinbar aber nur in Verbindung mit dieser Zigarettensorte erfüllt werden können.
Natürlich werden Situationen dargestellt, die den Leser ansprechen. Jeder, auch wir Jugendlichen, möchte am liebsten dabei sein und dem Alltagsstress entfliehen. Bei dieser Tabakreklame gibt es nur lächelnde, sportliche, attraktive und gesellige Menschen.
Die Wirklichkeit schaut aber ganz anders aus! Deswegen erscheinen die Warnhinweise auch nur ganz klein. Verkauft werden in erster Linie Vorstellungen, dann erst die Zigarette. Das aber ist Irreführung! Lasst euch nicht bluffen!

Das Aufsatzgerüst: einen Kurzbericht schreiben

Versuche jetzt einmal einen Kurzbericht für die Schülerzeitung zu schreiben.

Arbeitsauftrag 5:

Warum fangen Jugendliche dennoch mit dem Rauchen an, obwohl sie wissen, wie schädlich es ist? Stelle Vorteile des Nichtrauchens den Nachteilen des Rauchens gegenüber (Umfang ca. eine halbe Seite).

Lösungshilfe: Der Arbeitsauftrag ist dreigeteilt:

Blauer Dunst

Das Stichwortgerüst: Arbeitsauftrag Nr. 5

Im Stichwortgerüst kannst du Stoff sammeln. Ein paar Punkte haben wir dir bereits vorgegeben. Dabei ist die „Warum-Frage" besonders wichtig. Ergänze sie und überlege dir dann selbst Gründe.

> **Warum?** *macht Spaß, den Rauch auszublasen – will sich angeblich entspannen – bei bestimmten Gewohnheiten (Wartepausen, nach dem Essen, in der Gruppe) – wenn nervös – wenn niedergeschlagen – verschafft ihm Erleichterung – fühlt sich erwachsen – will sich über Verbote hinwegsetzen – will dabei sein – Nachahmung – hat etwas in der Hand – glaubt, dass er bessere Chancen beim anderen Geschlecht hat – Neugierde – beim Fernsehen – in der Disko – …*

Vorteile des Nichtrauchens: _____

Nachteile des Rauchens: _____

Was meinst du zu diesem Beitrag von Daniela?

Nach Umfragen hat der jugendliche Raucher ein positives Image: Er ist stark, lässig, überlegen und frei von Vorschriften. Er setzt sich einfach über Verbote der Vorgesetzten hinweg. Er gilt als sympathisch. Das Rauchen wird als menschliche Schwäche empfunden, die man hinnehmen kann.

Das Aufsatzgerüst: Arbeitsauftrag Nr. 5

Du kannst dich ruhig an den Vorschlag von Daniela halten. Bringe aber andere Satzanfänge. Im Stichwortgerüst hast du ja weitere Tipps gesammelt. Ordne sie in eine logische Reihenfolge.

Arbeitsauftrag 6:

Dein Briefpartner ist Raucher und möchte sich das Rauchen abgewöhnen. Schreibe ihm einen Brief und gib ihm Ratschläge. Mache ihm keine Vorwürfe, sondern gib ihm Hilfestellung. Du kannst dabei den Arbeitsauftrag Nr. 5 verwenden (Umfang ca. eine Seite).

Lösungshilfe: Auf Seite 20 hast du viele Tipps bekommen, wie du einen persönlichen Brief schreiben kannst.

Daniela hat folgende Tipps gebracht. Du kannst sie ruhig mit verwenden und noch einige Tipps dazu finden.
Suche dir einen Freundeskreis von Nichtrauchern. – Bleibe standhaft. – Lehne ab heute jede angebotene Zigarette ab und sage, dass es doch gesünder ist, nicht mehr zu rauchen. – Schließe eine Wette ab: Wer schafft es am schnellsten, mit dem Rauchen aufzuhören: du oder … – Suche dir etwas anderes, womit du spielen kannst. – Suche dir einen „Ersatzgenuss" (Kaugummi, Bonbon, …) – Suche dir eine Freizeitbeschäftigung, damit du keine Langeweile hast. – Lege einmal in der Woche einen Nichtraucher-Tag ein. – Lege für jede Zigarette, die du rauchen wolltest, 10 Pfennig in eine Sparbüchse und mache jemandem damit ein hübsches Geschenk. – Schaffe ab heute Streichhölzer und Feuerzeug ab, damit du nicht gleich eine Zigarette anzünden kannst. – Bleibe hart. – …

Das Aufsatzgerüst: einen Brief schreiben

Schreibe ruhig deinen Briefkopf mit Adresse dazu.

Beziehe dich auf den letzten Brief, in dem dein Briefpartner angedeutet hat, mit dem Rauchen aufzuhören, dass es ihm aber noch schwer falle …
Finde einen aufmunternden Schlusssatz.

Blauer Dunst

Mein Tipp: Ausdrücken!

Vorurteile

Man könnte mühelos Beispiele von Vorurteilen finden. Es gibt sie überall: in der Schule, am Arbeitsplatz, in der Straßenbahn und anderen Verkehrsmitteln, in der Nachbarschaft, im eigenen Familienkreis. Besonders erschreckend sind die Gefahren, die von ihnen ausgehen. Vorurteile gibt es nicht nur bei uns, sondern überall.

5 Die Frage, ob ein Vorurteil etwas mit einem Urteil zu tun hat, kann man eindeutig mit NEIN beantworten. Bei einem Urteil wird Recht gesprochen. Auf Grund von Untersuchungen, Verhandlungen und Beweisen gelangt man zu einem echten Urteil, beim Vorurteil allerdings nicht. Der Beklagte hat außerdem vor einer Urteilssprechung das Recht und die Möglichkeit, sich zu verteidigen, die Wahrheit zu sagen und seine Meinung offen darzulegen. Bei einem Vorurteil ist der Betroffene oft unbekannt. Er hat nicht einmal die
10 geringste Chance, Falsches, Unwahres und Vormeinungen richtig zu stellen. Ein Urteil ist sachlich, konsequent und richtig, während ein Vorurteil oft emotional, inkonsequent und falsch ist.
Vorurteile sind Meinungen und Überzeugungen, die ohne sorgfältige Prüfung oder genaue Überlegung gebildet werden. Sie werden ohne jede Kritik angenommen. Oft ist es so, dass Vorurteile durch Gefühle, Stimmungen und Schwächen beeinflusst werden. Manche Vorurteile haben sich durch Generationen
15 hindurch gehalten. Vorurteile enthalten immer Meinungen über Menschengruppen, häufig über Außenseiter und Randgruppen. Kennzeichnend ist, dass diese Gruppen abgewertet werden.
Von ihrem Vorurteil wollen viele nicht abrücken. Das ist eine große Gefahr für unsere Gesellschaft.

Arbeitsaufträge:

	Punkte
1. Kläre den Begriff „Vorurteil" in einem kurzen Text.	2
2. Wo findet man Vorurteile? Zitiere aus dem Text und nenne vier weitere Beispiele.	2
3. Zeige an verschiedenen Beispielen, wie Vorurteile übertragen werden können. Vier Beispiele genügen.	4
4. Warum hat ein Vorurteil nichts mit einem Urteil zu tun? Stelle die Unterschiede gegenüber.	4
5. Im Text heißt es, dass Vorurteile häufig gegenüber Außenseitern und Randgruppen bestehen. Nenne einige Beispiele und zeige an einem Beispiel auf, wie man ihnen ohne Vorurteil begegnen kann. Bringe eine treffende Überschrift (Umfang ca. eine Seite).	8
6. Vorurteile sind eine große Gefahr für die Gesellschaft. Zeige auf, wie man Vorurteile überwinden kann (Umfang ca. eine Seite).	8
	28

Lösungsmöglichkeiten der einzelnen Arbeitsaufträge

Im folgenden Abschnitt geben wir dir Hilfen zu den einzelnen Arbeitsaufträgen.

Arbeitsauftrag 1:

Kläre den Begriff „Vorurteil" in einem kurzen Text.

Lösungshilfe: Im Text findest du bereits eine entsprechende Stelle. Unterstreiche sie zunächst einmal und lies den Satz konzentriert durch, dann ist es nicht mehr schwer.

Das ist ein wichtiges Thema!

Das Stichwortgerüst: eine Definition entwickeln

Um den Begriff „Vorurteil" zu klären, ist es gut, wenn du zunächst einmal wichtige „Signalwörter" aus der Erklärung im Text herausschreibst und dir dann weitere „Schlüsselwörter" überlegst.

Signalwörter zum Begriff „Vorurteil": _____

☞ *Zwei Tipps:*

- Um einen Begriff zu klären, helfen dir „Signalwörter" oder „Schlüsselwörter" weiter. Sie sind der Schlüssel zur Lösung.
- Trage die wichtigsten „Signalwörter" zusammen, die du für eine Definition benötigst.

Vielleicht helfen dir die folgenden Erklärungen weiter. Unterstreiche die wichtigen Signalwörter und übertrage sie in das Stichwortgerüst.

Nr. 1: *Ein Vorurteil ist ein vorgefasstes Urteil über Gruppen von Menschen, das positiv oder negativ gefühlsmäßig unterbaut ist, das nicht unbedingt mit der Wirklichkeit übereinstimmen muss und an dem ungeachtet aller Möglichkeiten der Korrektur festgehalten wird.*

Nr. 2: *Ein Vorurteil ist die nicht sachlich begründete negative Einstellung gegenüber anderen Personen und Gruppen (Minderheiten), die mit Feindseligkeit oder Aggressivität (Diskriminierung) verbunden sein kann.*

Nr. 3: *Ein Vorurteil ist eine nicht objektive, meist von Gefühlen bestimmte Meinung, die man sich im Voraus über jemanden oder einer Sache gebildet hat.*

Nr. 4: *Vorurteile sind Meinungen, Überzeugungen, die ohne Prüfung oder sorgfältige Überlegung gebildet und ohne jede Kritik angenommen werden, obwohl Zweifel oder Kritik vernünftigerweise erwartet werden könnten.*

Das Aufsatzgerüst: eine Definition finden

Arbeitsauftrag 2:

Wo findet man Vorurteile? Zitiere aus dem Text und nenne vier weitere Beispiele.

Lösungshilfe: In Textarbeiten kommt es häufig vor, dass du etwas zitieren sollst. Dies können ein Satz, ein Absatz oder auch nur einzelne Wörter sein. Wie ist es hier?

Formulierungshilfen

Wenn du etwas zitieren sollst, helfen dir die folgenden Formulierungshilfen:
„Im Text heißt es …", „Im Text steht …", „Der Autor / Die Autorin schreibt …", „Dafür gibt es im Text die folgenden Beispiele: …", „Auch wenn im Text steht, dass …, meine ich, dass …" …

Einige Möglichkeiten, um Vorurteile aufzuspüren: *Spielfilme – Unterhaltungssendungen – Wandschmierereien – Videofilme – Zeitungen – Werbetexte – Postwurfsendungen – Plakate*

In diesem Beispiel brauchst du nur einzelne Wörter zu zitieren. Zitiere also und ergänze!

Beispiele im Text

Weitere Beispiele

Arbeitsauftrag 3:

Zeige an verschiedenen Beispielen, wie Vorurteile übertragen werden können. Vier Beispiele genügen.

Lösungshilfe: Bei diesem Arbeitsauftrag brauchst du nur Beispiele aufzuführen. Am besten machst du das mit Spiegelstrich. Überlege dir verschiedene Alltagssituationen. Ordne im Stichwortgerüst so zu:

Das Stichwortgerüst: Vorurteile aufspüren

Situation	Wie wird das Vorurteil übertragen?
Videofilm	*durch bestimmte Aussagen*
→	
→	
→	
→	
→	
→	

☞ *Einige Tipps:*

- Sammle Informationen im Stichwortgerüst.
- Je mehr du dabei sammelst, desto größer ist die Auswahl.
- Belege deine Ausführungen durch treffende und überzeugende Beispiele.

Vorurteile

Schreibbeispiel

Harald hat dazu Folgendes geschrieben:

In der alltäglichen Sprache ist mir aufgefallen, dass man sich gerne hinter dem Wörtchen „man" versteckt. Außerdem sagen die Erwachsenen gerne: „Damals ...", „Früher ...", „In meiner Jugend ...". Dadurch werden Vorurteile übertragen. Vorurteile werden durch Sprache und Texte, aber auch Musik weitergegeben. Neulich kam mein kleiner Bruder vom Kindergarten nach Hause. Am Abend sagte er etwas Abfälliges über ... Das hat er dort wahrscheinlich von einem älteren Kind übernommen.
Vorurteile können dadurch entstehen, dass wir von einem anderen Menschen etwas hören, worüber dieser sich bereits ein Urteil gebildet hat. Wir übernehmen es dann als eigenes Urteil und denken, dass eine Überprüfung dieser Meinung oder Einstellung nicht notwendig ist, da sie doch stimmt. Gefährlich für alle Beteiligten wird es allerdings, wenn es nicht mehr überprüft wird.

Nimm kritisch dazu Stellung und mache einiges im Aufsatzgerüst besser.

Das Aufsatzgerüst: einen Bericht schreiben

Ordne deine Stichpunkte, so dass sich eine gewisse Steigerung ergibt und formuliere dann einen kurzen Text.

Arbeitsauftrag 4:

Warum hat ein Vorurteil nichts mit einem Urteil zu tun? Stelle die Unterschiede gegenüber.

Lösungshilfe: Aus dem Wort „gegenüberstellen" kannst du entnehmen, dass man hier die Unterschiede am besten in zwei Spalten aufteilt. Auch genügen vier Gegenüberstellungen. Dazu findest du im Text bereits einige Beispiele. Übernehme sie und ergänze. Bei diesem Arbeitsauftrag brauchst du keinen Text zu schreiben. Auch brauchst du deine Ausführungen nicht nach einer „Steigerung" zu ordnen.

☞ *Ein Tipp:*

- Denke bei einer Gegenüberstellung immer an die Wörtchen „aber", „jedoch", „dagegen" dann fallen dir eher Unterschiede ein.

Urteil	**Vorurteil**
_____	_____
_____	_____
_____	_____
_____	_____

Arbeitsauftrag 5:

Im Text heißt es, dass Vorurteile häufig gegenüber Außenseitern und Randgruppen bestehen. Nenne einige Beispiele und zeige an einem Beispiel, wie man ihnen ohne Vorurteil begegnen kann. Bringe eine treffende Überschrift. (Umfang ca. eine Seite)

Lösungshilfe: Am besten ist es, wenn du im Stichwortgerüst zuerst einmal Außenseiter und Randgruppen auflistest und dir dann überlegst, wen du als Beispiel nehmen willst. Dabei ist es wichtig, dass du keine Namen aufzählst, sondern allgemein schreibst.

☛ Ein Tipp:

- Denke an die W-Fragen: Wie? – Wann? – Wo? – Warum? – Was? und überlege dir jeweils zwei Beispiele.

Das Stichwortgerüst: Stoffsammlung

Außenseiter: _____

_____

Randgruppen: _____

_____

Wie kann ich … vorurteilsfrei begegnen? _____

_____

Wann? _____

_____

Wo? _____

_____

Warum? _____

_____

Was kann ich persönlich tun? _____

_____

Das Aufsatzgerüst: einen Text schreiben

Verfasse jetzt selbst einen Text. Dieser Arbeitsauftrag ist zweigeteilt, wobei der Schwerpunkt sicherlich auf dem zweiten Teil liegt. Schreibe mit Bleistift, damit du verbessern kannst.

Teil 1 (Randgruppen): _____

Teil 2 (Vorurteilslosigkeit): _____

Schreibbeispiel

Zu diesem Themenkreis schreibt Susanne:

Zu den Randgruppen sind mir vor allem die Punks eingefallen, weil wir eine Punkerin unter uns haben, die im Pausenhof oft angepöbelt wird und auch am Anfang in unserer Klasse kritisch betrachtet wurde.
Punks werden aus der Gesellschaft ausgegliedert, weil sie sich anders als die Mehrheit verhalten. Sie erregen durch ihr Äußeres Aufsehen. Ihre Kleidung wirkt dreckig, vergammelt und auch die Frisuren unterscheiden sich von denen anderer Jugendlicher. Was sie dadurch zeigen wollen, ist eigentlich nur, dass sie gegen den Wohlstand der Gesellschaft sind und gegen das geregelte, vorgeschriebene Leben.
Was denkt die Mehrheit der Gesellschaft über die Punks?
Wörtlich hört sich das so an: „Ihr kommt wohl gerade vom Fasching, was?" oder „So dreckig und vergammelt wie die sind!". Gerade auch junge Leute akzeptieren die Entscheidung von Punks nicht, sich so zu geben, wie sie wollen. Sie geben ihnen keine Chance. Umgekehrt gesehen, wollen auch viele Punks keinen Kontakt zu anderen Jugendlichen haben, weil sie lieber unter sich sind und dort ein stärkerer Zusammenhalt besteht. Vielleicht ist auch ihre Kontaktarmut ein Grund für ihr zum Teil aggressives Verhalten. Punks haben schon so einen schlechten Ruf, dass, wenn es zu Schlägereien zwischen „durchschnittlichen" jungen Leuten und Punks kommt, es immer oder meistens heißt, dass die Punks angefangen haben.
Ich finde, dass sich „normale" Jugendliche (was heißt schon „normal"?) und Punks eine Chance geben sollten, dass sie versuchen sollten, einander zu verstehen und zu akzeptieren. Beides sind Gruppen von jungen Leuten – wenn auch unterschiedlicher Art. Es wäre ja schlimm, wenn es nur gleiche Einstellungen und gleiche Gedanken gäbe. Ich finde einen Meinungsaustausch wichtig, um Vorurteile abzubauen.

Deine Meinung:

Positiv: _____

Negativ: _____

Arbeitsauftrag 6:

Vorurteile sind eine große Gefahr für die Gesellschaft. Zeige auf, wie man Vorurteile überwinden kann (Umfang ca. eine Seite).

Lösungshilfe: Der Arbeitsauftrag ist zweigeteilt:

1. _____

2. _____

Am besten ist es, wenn du im Stichwortgerüst „Stoff" sammelst. Wichtig sind die Warum-Frage und Wie-Frage. Einige Vorschläge bringen wir dir. Ordne sie im Stichwortgerüst zu. Streiche durch.

Abbau von Angst – Abbau von Klischees – andere auf ihre Vorurteile aufmerksam zu machen – Anerkennung des Andersartigen – Anerkennung des Andersseins – auch einmal gegen ein Vorurteil kämpfen – ausländische Mitschüler aus ihrer Heimat berichten lassen (z. B. Religion, Feste, Lebensgewohnheiten) – echte Toleranz zeigen – einen anderen so behandeln, wie man von ihm auch behandelt werden möchte – einen Briefpartner im Ausland suchen und ihn besuchen – einen Menschen so zu sehen, wie er ist – Engagement für die richtige Sache – führen zu Streit – führen zur Unterdrückung von Menschen (Beispiele: Juden im Dritten Reich) – gemeinsame Feste – genaues Beobachten der „Vorurteilsträger" – Gespräche suchen – haben Feindbilder geschaffen – haben zu Kriegen geführt – in einem Menschen nicht den Gegner, sondern den Menschen sehen – Information über Minderheiten und ihre Probleme – Interesse – Jugendaustausch – Korrektur der eigenen Meinung – kritisches Überprüfen von Vorurteilen – Mut zeigen – nicht gleich beleidigt sein, wenn jemand eine andere Meinung hat – Offenheit – Reisen – sachliche, umfangreiche Information – Sachlichkeit – sich freimachen von festgefahrenen Meinungen – Städtepartnerschaften gründen – ständiges Überprüfen der eigenen Meinung – Unvoreingenommenheit gegenüber einem anderen Menschen – Versöhnung – Verständnis – Vorurteile in Zeitungen, Zeitschriften, Funk und Fernsehen aufdecken – zerstören das Miteinander – Zusammenarbeit

Das Stichwortgerüst: Stoffsammlung

Gefahr für die Gesellschaft – Welche?

Warum?

Wie überwinden?

Das Stichwortgerüst: Stoffsammlung

Das Aufsatzgerüst: einen Bericht schreiben

Im Stichwortgerüst hast du so viele Beispiele, dass es dir sicherlich leicht fällt, einen eigenen Text zu schreiben.

Schreibbeispiele

Was meinst du zu diesen Schreibbeispielen?

Vorurteile gegenüber anderen Völkern, Rassen, Religionen u. a. führten in der Vergangenheit und Gegenwart immer wieder zu Kriegen und Vernichtung von Menschenleben. Angst und Unsicherheit waren oftmals die Ursache. ...

Vorurteile lassen sich aber überwinden. Jeder, der Einzelne, Gruppen, Verbände, die Gesellschaft und der Staat können dazu beitragen, dass Vorurteile erst gar nicht entstehen, und etwas zum Abbau von Vorurteilen unternehmen. ...

Anschlussthema

Der folgende Text ist sicherlich schwerer, aber er passt genau zum Thema. Er stammt von Martin Luther King, dem amerikanischen Bürgerrechtler und Nobelpreisträger, der erschossen wurde, weil er sich u. a. für Vorurteilslosigkeit eingesetzt hat. Der Text stammt aus seiner berühmten Rede „I have a dream".

Ich habe zu viel Hass gesehen,
als dass ich selber hassen möchte.
Ich träume davon,
dass eines Tages die Menschen sich erheben und einsehen werden,
dass sie geschaffen sind,
um als Brüder miteinander zu leben.
Ich träume davon,
dass eines Tages jeder Neger in diesem Lande,
jeder Farbige in dieser Welt
auf Grund seines Charakters
anstatt seiner Hautfarbe beurteilt werden wird
und dass jeder Mensch
die Würde und den Wert der menschlichen Persönlichkeit achten wird.
Ich träume davon, dass Brüderlichkeit mehr sein wird
als ein paar Worte am Ende eines Gebetes,
vielmehr das vordringlichste Geschäft eines jeden Gesetzgebers.
Ich träume auch heute noch davon,
dass in all unsere Parlamente und Ratshäuser
Männer gewählt und einziehen werden,
die Gerechtigkeit und Gnade üben
und demütig sind vor ihrem Gott.
Ich träume auch heute noch davon,
dass eines Tages der Krieg ein Ende nehmen wird.
Der gewaltlose Widerstand gründet sich auf die Überzeugung,
dass das Universum auf der Seite der Gerechtigkeit steht;
infolgedessen hat der,
der an Gewaltlosigkeit glaubt,
einen tiefen Glauben an die Zukunft ...

- Informiere dich über das Leben und die Arbeit von Martin Luther King.
- Welche Vorurteile gab es (und gibt es immer noch) in seinem Heimatland?
- Welche Träume hatte er? Zitiere.
- Warum träumte er davon?
- Wie war in den USA die Situation der Schwarzen zu seinen Lebzeiten?
- Wurden seine Träume inzwischen Wirklichkeit?

Kinder machen Autoklau zum Nervenkitzel

Berlin – Hannes liebt den Geschwindigkeitsrausch: Er ist süchtig nach Gefahr. Nachts streift der 13-Jährige durch die Straßen Berlins, bricht parkende Autos auf und rast mit ihnen über die fast leeren Straßen. Manche fährt er begeistert zu Schrott. Andere lässt er mit leerem Benzintank am Straßenrand stehen, um gleich darauf ein weiteres Auto zu knacken.

Schon seit einiger Zeit hält der Jugendliche die Polizei der Großstadt in Atem. Nichts scheint ihn bremsen zu können. Auch in anderen Großstädten häufen sich die Anzeigen gegen die „Auto-Kinder", die ohne Fahrerlaubnis lebensgefährliche Touren starten, die oft erst nach wilden Verfolgungsjagden mit der Polizei gestoppt werden können. Sie nennen sich „Joyrider" und verharmlosen mit diesem Ausdruck die Gefahr.

Immer wieder kommen dabei Kinder und Halbwüchsige bei einem Unfall ums Leben. In Hamburg raste ein 13-Jähriger in den Tod. Beim Überschlagen des Autos wurde er aus dem Fahrzeug geschleudert und vom Wrack zerquetscht. Ein Altersgenosse, der mit ihm fuhr, hatte schon über 100 Autos aufgebrochen und kam nun unter „Bewachung" eines Sozialarbeiters.

Politiker streiten, ob solch schwierige Kinder in geschlossene Heime gehören, wenn andere erzieherische Konzepte scheitern. Für Gefängnisstrafen sind die Kinder nach deutschem Recht zu jung. Erst mit 14 Jahren dürfen die Anklagebehörden Jugendliche gerichtlich belangen.

„Autos klauen ist für mich wie eine Fuchsjagd. Ich bin der Fuchs und die Polizei jagt mich", zitiert ein Polizist einen Täter. Autodiebstahl ist für manche Jugendliche zum Sport geworden. Sie reagieren so ihren Frust über Arbeitslosigkeit, Misserfolg und andere Probleme ab. Psychologen erklären die Taten dieser Jugendlichen als Ausdruck seelischer Not. Die Minderjährigen wollen durch diese Taten auf sich aufmerksam machen, weil sie in unserer Wohlstandsgesellschaft anonym bleiben.

Die Behörden stehen dem Phänomen oft ratlos gegenüber. Auch wenn die Minderjährigen aus ihrer Clique und von der Straße geholt werden, werden sie oftmals wieder rückfällig. Durch neue Wege möchte man jetzt diesem kriminellen Handeln entgegentreten.

Arbeitsaufträge:

1. Erkläre die folgenden Begriffe aus dem Textzusammenhang. — 4
   a) Auto-Kinder
   b) Joyrider
   c) Anklagebehörden
   d) anonym

2. Fasse den Inhalt zusammen. Achte dabei auf eine ansprechende Überschrift (Umfang ca. eine halbe Seite). — 4

3. Nenne Gründe, warum sich junge Menschen am Autoklau beteiligen. — 2

4. Ein Jugendlicher spricht von „Fuchsjagd". Zitiere die Sätze aus dem Text und erkläre die wörtliche und übertragene Bedeutung (Umfang ca. eine halbe Seite). — 2

5. Berichte über die Auswirkungen für die Betroffenen. Denke dabei an den Autobesitzer, den Jugendlichen und seine Familie, die Versicherungsgesellschaften und die Gesellschaft (Umfang ca. eine Seite). — 8

6. Im Text findest du den Satz: „Durch neue Wege möchte man jetzt diesem kriminellen Handeln begegnen."
   Zeige neue Wege auf. Begründe deinen Standpunkt ausführlich! Denke dabei daran, was du dazu beitragen könntest, wenn jemand aus deiner Clique dabei wäre (Umfang ca. eine Seite). — 8

Gesamt: 28

Autoklau

Lösungsmöglichkeiten der einzelnen Arbeitsaufträge

Im folgenden Abschnitt geben wir dir Hilfen zu den einzelnen Arbeitsaufträgen.

Arbeitsauftrag 1:

Erkläre die folgenden Begriffe aus dem Textzusammenhang.
a) Auto-Kinder
b) Joyrider
c) Anklagebehörden
d) anonym

Lösungshilfe: Im Text kommen diese Begiffe vor. Ordne zuerst die entsprechenden Erklärungen zu und schreibe dann als Satz, der sich auf den Textinhalt bezieht. Streiche Nichtzutreffende durch.

Polizei – Staatsanwaltschaft – ungenannt – Autofahrer – Richter – Beifahrer – jugendliche Autoknacker – Kriminelle – Kinder von Autofahrern – unbekannt – Jugendliche, die ohne Fahrerlaubnis fahren – Künstler

Auto-Kinder: _____

Joyrider: _____

Anklagebehörden: _____

anonym: _____

Arbeitsauftrag 2:

Nenne Gründe, warum sich junge Menschen am Autoklau beteiligen.

Lösungshilfe: Im Text findest du entsprechende Stellen. Unterstreiche und übertrage sie in das Stichwortgerüst. Bei diesem Arbeitsauftrag brauchst du keine Sätze zu schreiben. Es genügt, wenn du zitierst. Gut macht es sich allerdings, wenn du noch weitere Beispiele aufzählen kannst.

Das Stichwortgerüst: Stichpunkte herausschreiben

Satzteile umformulieren

Wenn du etwas aus einem Text zitierst, solltest du die entsprechenden Textstellen nicht wortwörtlich (z. B. ein Hauptwort in einem bestimmten Fall, oder Zeitwörter in den verschiedenen Personalformen) herausschreiben, sondern in der Grundform. Manchmal genügt es, wenn man die Satzstelle umdreht. Dazu machen wir eine Übung. Wir nehmen dabei Sätze aus dem Text.

Beispiel: *bricht parkende Autos auf – parkende Autos aufbrechen*

Zitat	Grundform
rast mit ihnen über die fast leeren Straßen	
fährt er zu Schrott	
lässt er am Straßenrand stehen	
häufen sich die Anzeigen	
kommen bei einem Unfall ums Leben	
raste in den Tod	
wurde aus dem Fahrzeug geschleudert	
kam unter „Bewachung" eines Sozialarbeiters	
dürfen gerichtlich belangen	
ist zum Sport geworden	
Sie reagieren so … ab	
wollen auf sich aufmerksam machen	
weil sie anonym bleiben	
stehen oft ratlos gegenüber	
wenn … von der Straße geholt werden	
werden sie wieder rückfällig	
möchte man dem entgegentreten	

Das Aufsatzgerüst: Stichpunkte kürzen

Kürze jetzt die Zitate aus dem Stichwortgerüst und schreibe in der Grundform.

Autoklau

Arbeitsauftrag 3:

Ein Jugendlicher spricht von „Fuchsjagd". Zitiere die Sätze aus dem Text und erkläre die wörtliche und übertragene Bedeutung (Umfang ca. eine halbe Seite).

Lösungshilfe: Bei diesem Arbeitsauftrag musst du zuerst zitieren, also aus dem Text eine bestimmte Stelle herausschreiben. Dann musst du zwei verschiedene Bedeutungen eines „Signalwortes" erklären. Zitiere zunächst die Textstelle.

_____

_____

die wörtliche Bedeutung	die übertragene Bedeutung
_____	_____

Was ist richtig? Umrahme.

Der Fuchs jagt den Igel – Geländespiel – Der Fuchs jagt andere Tiere – Die Polizei jagt den Fuchs – Die Polizei jagt einen fliehenden Täter, der sich ein Spiel daraus macht – Fuchs spielen – sich als Fuchs verkleiden – Gruppenspiel für Jugendliche – Die Polizei zitiert den Fuchs – Gesellschaftsspiel

Arbeitsauftrag 4:

Berichte über die Auswirkungen für die Betroffenen. Denke dabei an den Autobesitzer, den Jugendlichen und seine Familie, die Versicherungsgesellschaften und die Gesellschaft (Umfang ca. eine Seite).

Das Stichwortgerüst: Stichpunkte suchen

Aus dem Arbeitsauftrag ergibt sich bereits eine Gliederung. Übertrage diese Punkte links in das Stichwortgerüst. Welche Auswirkungen fallen dir dazu ein? Schreibe sie daneben.

Was? Wie? Warum? Wann?	
_____	_____
	_____
_____	_____
	_____
_____	_____
	_____
_____	_____
	_____
_____	_____

Lösungshilfe: Damit du es leichter hast, geben wir dir einige Auswirkungen vor. Ordne sie zu. Einige Beispiele stimmen allerdings nicht. Streiche durch.

die schönen Blumen werden umgeknickt – wird evtl. verletzt – hat einen Kriminellen in der Familie – hat mehr Kriminelle – Auto bleibt beschädigt liegen – höhere Versicherungsbeiträge – hat viel Zeit – ist evtl. vorbestraft – in das Weizenfeld läuft ausgelaufenes Öl – Auto hat kein Benzin mehr – muss den Spott anderer Leute ertragen – muss evtl. Schäden tragen, wenn kein anderer aufkommt – Polizei kommt immer – die Polizei, dein Freund und Helfer – Polizei kann sich nicht mit anderen Sachen beschäftigen – wird evtl. getötet – tragen unnötige Kosten – trägt unnötige Kosten – Auto bleibt stehen – hat für einige Zeit kein Fahrzeug – wälzen Kosten auf Versicherungsnehmer ab – wird es wieder tun – andere machen mit – wird evtl. Serientäter – wird kriminell – wird zum Straftäter – evtl. bleibende Schäden – bleibt anonym – Schäden an der Natur – andere lachen – das Auto hat Kratzspuren vom Aufbrechen – das Autoschloss geht nicht mehr

Das Aufsatzgerüst: Aus Stichwörtern einen Bericht verfassen

Bei diesem Arbeitsauftrag genügt es natürlich nicht, wenn du nur einige Stichpunkte aufzählst. Du sollst nämlich einen Bericht schreiben. Lies daher die Seite 23 nochmals durch. Dort bekommst du wichtige Tipps. Schreibe dann zu jedem Gliederungspunkt drei Sätze. Damit du den Überblick behältst, haben wir das Aufsatzgerüst in fünf einzelne Kästchen geteilt. Schreibe am besten mit Bleistift.

Einleitungssatz: _____

Zu Gliederungspunkt 1: _____

Zu Gliederungspunkt 2: _____

Autoklau

Zu Gliederungspunkt 3: _____

_____
_____
_____
_____
_____

Zu Gliederungspunkt 4: _____

_____
_____
_____
_____
_____

Zu Gliederungspunkt 5: _____

_____
_____
_____
_____
_____

Bei der Verbesserung helfen dir anreihende Bindewörter. Sie reihen Sätze oder einzelne Satzteile gleichwertig aneinander. Umrahme diejenigen Wörter, die du in diesem Fall verwenden kannst. Passe aber auf, es haben sich auch andere Bindewörter eingeschlichen.

auch – desgleichen – hernach – außerdem – und – dann – sowie – überdies – weiter – endlich – zuletzt –

abgesehen von – ferner – zudem – außer – ebenso – ebenfalls – genauso wie – des Weiteren – Zunächst –

– neben – zusätzlich – weiterhin – erst ... – dann – nicht nur ..., – sondern auch ..., – Schließlich –

Dann – Danach – Anschließend – Darauf – Kurze Zeit später – Nachdem – unter anderem – Zuerst

Schreibbeispiele

Zu diesem Themenkreis schreiben Liane und Thomas folgende Texte. Was meinst du dazu?

Liane

Das Verhalten der Joyriders hat Auswirkungen für viele. Ich denke dabei an den Autobesitzer, den Jugendlichen und seine Familie, die Versicherungsgesellschaften und die Gesellschaft.

Der Jugendliche ist der Hauptbeteiligte. Er wird zum Straftäter und schadet sich selbst. Abgesehen davon wird er es wieder tun und damit zum Serientäter. Es kann aber auch passieren, dass er im Falle eines Unfalls verletzt oder sogar getötet wird. ...

Geschädigte sind auch Versicherungsgesellschaften. Sie strecken zunächst einmal Kosten vor, die nicht nötig sind. Danach wälzen sie die Kosten auf alle Versicherungsnehmer ab. Die Folge sind höhere Versicherungsbeiträge aller Autofahrer.

Thomas

Manche Jugendlichen glauben, dass sie mit einem Autoaufbruch ihre „Nerven kitzeln" können. Sie bedenken dabei aber nicht, dass dies Folgen hat.

In erster Linie denke ich an den Jugendlichen. Er schadet sich sehr. ...

Die Versicherungsgesellschaften tragen aber auch eine Hauptschuld. Würden sie die Vollkasko abschaffen, würden die Leute mehr auf ihre Autos aufpassen. Dann würden nicht so viele geklaut und aufgebrochen werden.

Arbeitsauftrag 5:

Im Text findest du den Satz: „Durch neue Wege möchte man jetzt diesem kriminellen Handeln begegnen." Zeige neue Wege auf. Begründe deinen Standpunkt ausführlich! Denke dabei daran, was du dazu beitragen könntest, wenn jemand aus deiner Clique dabei wäre (Umfang ca. eine Seite).

Das Stichwortgerüst: Arbeitsauftrag Nr. 5

Mache dir selbst einmal Gedanken über die neuen Wege. Sammle im Stichwortgerüst Möglichkeiten und schreibe dann einen Text im Aufsatzgerüst.

Überlege, ob das „neue Wege" sind:
Autos sicherer machen – alle Jugendlichen einsperren – Diebstahlwarnanlagen in die Autos einbauen – straffällige Jugendliche einsperren – dafür sorgen, dass Jugendliche eine geregelte Arbeit haben – Jugendliche eine Aufgabe geben, die ihnen aus ihren Problemen heraushilft – an das Gewissen der Täter appellieren – Jugendliche an einen anderen Ort bringen – Jugendlichen bei der Arbeitssuche helfen – Kinder in die Schule schicken – die Eltern mit in die Verantwortung einbeziehen – höhere Bestrafung – protestieren

Autoklau

Das Aufsatzgerüst: Einen Text verfassen

Formuliere nun anhand des Stichwortgerüstes einen zusammenhängenden Text. Schreibe am besten mit Bleistift, damit du verbessern kannst.

Computer-Sabotage

Im Zeitalter des Hightech brauchen die Terroristen der Zukunft keine Bomben mehr. Mit aggressiven Computerviren und gefährlichen Sabotageprogrammen können sie die Schaltzentren moderner Einrichtungen viel leichter zerstören.

Moderne Partisanen terrorisieren die Welt. Sie sind keine Kämpfer, die mit herkömmlichen Waffen ihr Unwesen treiben. Sie kämpfen auch nicht auf einem offenen Schlachtfeld. Sie marschieren auch nicht nachts, um nicht erkannt zu werden. Vielmehr arbeiten sie heimlich im Verborgenen: in der eigenen Wohnung. Von dort aus dringen sie über ihren Computer mit elektronisch gefälschten Zugangscodes in
5 PC-Netzwerke ein, zerstören Daten und manipulieren fremde Rechner. Sie können den internationalen Flugverkehr zusammenbrechen lassen, Arztdiagnosen verändern, Simulationen in Forschungslabors verändern, mit „gelesenen" Kreditkartennummern anderer PC-Benutzer in virtuellen Kaufhäusern einkaufen gehen, das Militär abhorchen, Telefone abhören und den Datenfluss manipulieren. Sie verschaffen sich Zugang zu Polizeiakten und kontrollieren den Nachrichtenfluss in Datennetzen.
10 Immer wieder gelingt es der Hackerszene, sicher geglaubte Zugangscodes der wichtigsten Knotenpunkte auf der Datenautobahn zu knacken. So hat ein französischer Hacker den Sicherungscode eines Internet-Datennetzes geknackt, über das weltweit 80 Prozent der Internet-Benutzer Daten austauschen. Ein russischer Kollege drang mit elektronischen Tricks in eine amerikanische Bank ein und hob die stolze Summe von zehn Millionen Dollar ab. Auch in Deutschland richten die Hacker zunehmend
15 Schäden an. Dabei ist dieses Vorgehen strafbar. In Deutschland ist die Gesetzeslage eindeutig (s. Auszug aus dem Strafgesetzbuch). Aber die Hacker tricksen die Ermittler immer wieder aus. Das Bundeskriminalamt (BKA) tappt bei seinen Ermittlungen oft im Dunkeln.
Jährlich steigen die beim BKA angezeigten Straftaten im Bereich Computer-Sabotage/Datenveränderung um mindestens 30 Prozent. Die aufgedeckten Fälle sind nur die Spitze eines Eisberges, wie das
20 BKA in Wiesbaden versicherte (siehe Grafik). Nur rund jeder dritte Fall konnte aufgeklärt werden. In den meisten Fällen wird die Computer-Sabotage nicht angezeigt, weil Unternehmen um ihr Image fürchten. Die Computersysteme der Verwaltung und Wirtschaft sind heute so schlecht gesichert, dass jederzeit Außenstehende an fremde Daten herankommen können. Seit Privatpersonen und auch viele Einrichtungen wie z. B. Polizei, Wirtschaftsunternehmen, Ministerien oder Banken am Netz hängen, können
25 Terroristen mit ihrem Computer weitaus mehr Schaden anrichten als mit einer Bombe, warnen Experten.
Eine totale Sicherheit ist aber eine Illusion. Auch angeblich „geheime" Kennwörter sind knackbar. Bestimmte Programme beobachten automatisch den Datenstrom im Computernetz und warten auf bestimmte Buchstabenfolgen: Passwörter, die den Zugang ermöglichen. Dann ist es leicht, Computer-
30 viren oder Computerkiller einzubauen, um Daten zu zerstören.

Computersabotage/Datenveränderung nehmen zu

(Grafik: 1992: 105 / 37; 1993: 137 / 50; 1994: 188 / 58)

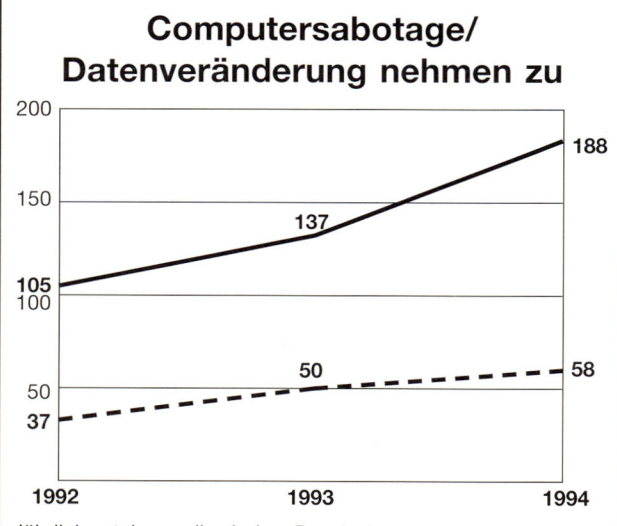

Jährlich steigen die beim Bundeskriminalamt angezeigten Straftaten im Bereich Computersabotage/Datenveränderung um mindestens 30 Prozent. Nur rund jeder dritte Fall konnte aufgeklärt werden. Untere Linie = aufgeklärte Fälle.

Quelle: Bundeskriminalamt Wiesbaden

Die Gesetzeslage in der Bundesrepublik Deutschland – Auszug aus dem Strafgesetzbuch

§ 303a Datenveränderung
(1) Wer rechtswidrig Daten löscht, unterdrückt, unbrauchbar macht oder verändert, wird mit Freiheitsstrafe bis zu zwei Jahren oder mit Geldstrafe bestraft.
(2) Der Versuch ist strafbar.

§ 303b Computer-Sabotage
(1) Wer eine Datenverarbeitung, die für einen fremden Betrieb, ein fremdes Unternehmen oder eine Behörde von wesentlicher Bedeutung ist, dadurch stört, dass er
1. eine Tat nach § 303a Abs. 1 begeht oder
2. eine Datenverarbeitungsanlage oder einen Datenträger zerstört, beschädigt, unbrauchbar macht, beseitigt oder verändert, wird mit Freiheitsstrafe bis zu fünf Jahren oder mit Geldstrafe bestraft.
(2) Der Versuch ist strafbar.

Computer-Sabotage

Arbeitsaufträge:

Punkte

1. Erkläre die folgenden Begriffe mit eigenen Worten: 6
   a) Datenveränderung
   b) Computer-Sabotage
   c) Hacker
   d) Hightech
   e) PC-Netzwerke
   f) virtuelles Kaufhaus

2. Fasse den Inhalt des Textes in wenigen Sätzen zusammen.   4

3. Stelle die wesentlichen Aussagen der grafischen Darstellung in Form eines kurzen Textes zusammenhängend dar.   2

4. Überlege dir, warum es Außenstehende leicht haben, an fremde Daten heranzukommen. Verfasse dazu einen Leserbrief.   5

5. Was können die modernen Partisanen? Nenne Beispiele.   4

6. Wie können sich Firmen, Einrichtungen und auch Privatpersonen vor Computer-Sabotage schützen? (Umfang ca. eine Seite)   7

    28

Lösungsmöglichkeiten der einzelnen Arbeitsaufträge

Im folgenden Abschnitt geben wir dir Hilfen zu den einzelnen Arbeitsaufträgen.

Arbeitsauftrag 1:

Erkläre die folgenden Begriffe mit eigenen Worten:
a) Datenveränderung
b) Computer-Sabotage
c) Hacker
d) Hightech
e) PC-Netzwerk
f) virtuelles Kaufhaus

Lösungshilfe: Damit dir die Beantwortung dieses Arbeitsauftrages leichter gelingt, geben wir dir einige Erklärungen durcheinander vor. Achtung! Es haben sich aber einige Fehler mit eingeschlichen. Suche zuerst die richtigen heraus und schreibe dann deine Erklärung als Satz.

Begriffe klären

Kaufhaus für Männer – Holzhacker – Häcksler – Computerfachmann, der z. B. Zugangscodes knackt – Abkürzung für Personal Computer Netzwerk – Kaufhaus für Kinder – Kaufhaus, in dem man per Computer und einem Modem einkaufen kann – Änderung von digitalen Daten – kriminelles Handeln, um in fremde Computer einzudringen und Daten zu manipulieren – Abkürzung aus „high technology" – Spitzentechnologie, Technologie, die neueste Forschungsergebnisse insbesondere aus dem Bereich der Mikroelektronik anwendet – Personal-Code-Netzwerk – hohe Technik – Computerzerstörung – Datensicherung – Tante-Emma-Laden – elektronisches Bauteil – Kaufhaus, das nicht wirklich existiert – Fleischwolf

Datenveränderung: _____

Computer-Sabotage: _____

80 — Computer-Sabotage

Hacker: _____

Hightech: _____

PC-Netzwerk: _____

virtuelles Kaufhaus: _____

Arbeitsauftrag 2:

Fasse den Inhalt des Textes in wenigen Sätzen zusammen.

Lösungshilfe: Hierbei ist es zunächst einmal wichtig, die „Signalwörter" herauszuschreiben.

„Hilfe, welcher Hacker kennt denn mich?"

Zeichen und Abkürzungen lesen

Bevor du das aber machst, solltest du wissen, was bestimmte Abkürzungen und Zeichen bedeuten.

§ _____ BKA _____

PC _____ Abs. _____

(1) _____ § 303a _____

Das Stichwortgerüst: Signalwörter suchen

Unterstreiche sie zunächst und übertrage sie in das Stichwortgerüst.

Computer-Sabotage

Das Aufsatzgerüst: zusammenfassen

Aus diesen Stichwörtern solltest du jetzt in wenigen Sätzen einen zusammenhängenden Text formulieren. Wenn du willst, kannst du vorher auch die Schreibbeispiele lesen, damit du daraus lernst.

Schreibbeispiele vergleichen

Vergleiche die Zusammenfassungen und nimm dazu kritisch Stellung, denn einiges ist falsch.

1. Beispiel:
Computerviren schwirren mit den Datennetzen um die Welt. Sie dringen in die Computer ein und verändern Daten. Sie kommen von Hackern, die sie verbreiten. Das ist strafbar und eine große Gefahr. Wer erwischt wird, muss zum Bundeskriminalamt und wird hart bestraft.

2. Beispiel:
Terroristen brauchen nicht mehr mit Bomben zu arbeiten. Gefährlicher sind ihre elektronischen Waffen: Computerviren und manipulierte Daten, mit denen sie in fremden Systemen herumwühlen. Damit haben sie Zugang zu geheimsten Daten, die nicht für sie bestimmt sind. Damit richten sie immensen Schaden an. Nur wenige Fälle gelangen ans Tageslicht, die Mehrzahl wird nicht angezeigt, weil die Geschädigten um ihr Image fürchten. Kein System ist so sicher, als dass die Zugangscodes nicht geknackt werden können.

3. Beispiel:
Man sollte sich hüten, in Datennetzen zu arbeiten. Zu groß ist die Gefahr, dass persönliche Zugangscodes von Hackern geknackt werden. Diese können nämlich mit bestimmten Programmen Leitungen anzapfen und Passwörter knacken. Hacker können Daten verändern, sobald sie einmal im System sind. Der Schaden ist beträchtlich, vor allem in der Wirtschaft und der Verwaltung. Nur ein geringer Teil wird auch angezeigt.

4. Beispiel:
Heutzutage wird eine groß angelegte Computer-Sabotage betrieben. Hacker schleichen sich in fremde Computer ein und verändern Daten. Das ist aber strafbar und wird hart bestraft.

5. Beispiel:
Ich finde, wer mit seinem Computer an das Netz geht, ist selber schuld, wenn ein Hacker dazwischenfunkt und dann in seinem Computer alles zerstört. Das muss nicht sein! Am besten ist es, damit gar nicht anzufangen. Was braucht man denn den Computer. Ich schaffe mir keinen an!

5. Beispiel:
Das Bundeskriminalamt deckt immer wieder Hacker auf, die in PC-Netze gelangen. Aber das sind nur wenige. Die Mehrzahl wird nicht aufgedeckt. Die, die unentdeckt bleiben, richten ganz großen Schaden an, der in die Millionen gehen kann. Deswegen ist es gut, dass Fälle aufgedeckt werden.

☞ *Einige Tipps:*

- Fremdwörter, die du nicht verstehst, solltest du in einem Wörterbuch nachschlagen.
- Deute Zeichen richtig. In Textarbeiten kommen nur Zeichen vor, die auch Schüler verstehen.
- Schlage Abkürzungen in einem Wörterbuch nach, wenn du dir nicht sicher bist.
- Schreibe Zusammenfassungen sachlich.
- Verliere dich nicht in Einzelheiten, sondern verschaffe dir erst einen Überblick. Diesen bekommst du am besten, wenn du den Text mehrmals konzentriert durchliest.
- Deute Grafiken richtig.

Arbeitsauftrag 3:

Stelle die wesentlichen Aussagen der grafischen Darstellung in Form eines kurzen Textes zusammenhängend dar.

Lösungshilfe: Da diese Aufgabe nicht immer einfach zu lösen ist, solltest du dir die Grafik noch einmal genau ansehen.

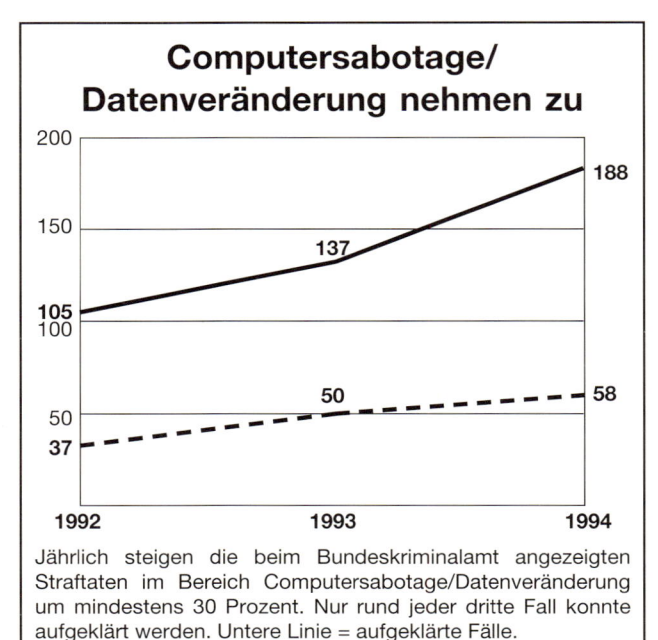

Computersabotage/Datenveränderung nehmen zu

1992: 105 / 37
1993: 137 / 50
1994: 188 / 58

Jährlich steigen die beim Bundeskriminalamt angezeigten Straftaten im Bereich Computersabotage/Datenveränderung um mindestens 30 Prozent. Nur rund jeder dritte Fall konnte aufgeklärt werden. Untere Linie = aufgeklärte Fälle.

Quelle: Bundeskriminalamt Wiesbaden

Ergänze den Text.

Eine Grafik besteht aus _____ Achsen: die _____ und

die _____. Diese Achsen haben auch noch einen anderen Namen:

_____ und _____.

☞ *Einige Tipps:*

- Wie du aus der Mathematik weißt, besteht eine Grafik aus zwei Achsen: die waagerechte Achse (= horizontale Achse) und die senkrechte Achse (= vertikale Achse). Sie werden auch als Waagerechte und Senkrechte bezeichnet. Für eine Textarbeit ist der Name „x-Achse" und „y-Achse" nicht wichtig.
- Aus einer Grafik kann man Größen und Abhängigkeiten erkennen.
- Bei einer Textarbeit gehört zu einer Grafik eine Überschrift, so dass der Leser weiß, um was es sich handelt.

Computer-Sabotage 83

Eine Grafik lesen

Wir versuchen einmal gemeinsam, diese Grafik zu „lesen". Setze ein.

Aus der Überschrift weiß ich, worum es geht: _____

Allerdings ist das nur ein _____ _____, der für sich alleine noch nicht _____ aussagt. Mehr erfahre ich aus der Zeile darunter: _____ _____. Darunter kann man sich mehr vorstellen.

An der horizontalen Achse befinden sich drei Jahreszahlen: _____, _____ und _____. Daraus kann man entnehmen, dass sich die Grafik auf einen _____ von _____ Jahren bezieht.

Die untere Linie, _____ genannt, sagt etwas aus über die _____ _____ im _____ von drei Jahren.

Links, an der _____ _____, ist eine Einteilung in _____-er Schritten: _____, _____, und _____. Hier kann man auch ablesen, _____ Fälle in den _____ Jahren begangen wurden. Im Jahre 1992 wurden demnach _____ Fälle aufgeklärt: im Jahre 1993 wurden _____ Fälle und im Jahre 1994 _____ Fälle. Der Graf geht aber über das Jahr 1994 hinaus. Das bedeutet, dass _____ _____.

Der obere Graf bezieht sich auf die _____ Fälle. Im Jahre 1992 wurden demnach _____ Fälle erfasst. Im Jahre 1993 waren es _____ Fälle und im Jahre 1994 waren es _____ Fälle. Der Graf geht aber über das Jahr 1994 hinaus. Das bedeutet, dass _____ _____.

Wenn ich beide Grafen anschaue, fällt mir auf, dass _____ _____.

Außerdem stelle ich fest, dass _____ _____.

Das heißt mit anderen Worten: _____ _____.

100 – 105 – 137 – 150 – 188 – 1992 – 1993 – 1994 – 200 – 37 – 50 – 50 – 50 – 58 – aufgeklärten Fälle – Computersabotage / Datenveränderung nehmen zu – Datenklau macht BKA zu schaffen – die Anzahl weiterhin steigt – die Anzahl weiterhin steigt – die Computersabotage steigt stärker – die erfassten Fälle höher sind als die aufgeklärten – die erfassten Fälle stärker ansteigen als die aufgeklärten – drei – erfassten – Graf – grober Anhaltspunkt – Jahreszeitraum – Jahreszeitraum – vertikalen Achse – einzelnen – viel – wie viel

So oder in ähnlicher Weise machst du dir bei der Auswertung einer Grafik Notizen im Stichwortgerüst. Nun geht es darum, aus diesen Notizen einen Text zu formulieren. Lies zunächst die Schreibbeispiele, bevor du selbst einige Sätze zur Grafik schreibst.

☞ *Ein Tipp:*

- Wenn du eine Grafik lesen sollst, empfiehlt es sich, im Stichwortgerüst die wichtigsten Fakten herauszuschreiben. Vor allem kommt es auf die Größen und Abhängigkeiten an.

Schreibbeispiele

Nimm zu diesen Schreibbeispielen Stellung. Was gefällt dir? Was ist richtig? Was ist offensichtlich falsch? Kann man das aus der Grafik erkennen?

1. Beispiel:
Während 1992 noch 105 Fälle von Computer-Sabotage gemeldet wurden, waren es 1994 schon 188. Und die Tendenz ist weiterhin steigend. Dem steht eine niedrige Aufklärungsquote gegenüber: 1992 waren es nur 37, im Jahre 1994 nur 58. Aufgeklärt wurde demnach nur ein Drittel der Fälle.

2. Beispiel:
Jährlich steigen die beim Bundeskriminalamt angezeigten Straftaten im Bereich Computer-Sabotage und Datenveränderung um mindestens 30 Prozent. Die aufgedeckten Fälle machen nur einen Teil der angezeigten Fälle aus.

3. Beispiel:
Aus der Grafik kann man entnehmen, dass doch recht viele Fälle von Computer-Sabotage und Datenveränderung aufgeklärt wurden. 1992 waren es 50 und 1994 schon 58. Das sind acht mehr. Natürlich werden viel mehr Fälle angezeigt. Aber wichtig ist die Aufklärung.

4. Beispiel:
Nur rund ein Drittel der angezeigten Fälle von Computer-Sabotage und Datenveränderung wurden im Zeitraum von 1992 bis heute aufgeklärt. Das ist entschieden zu wenig! Das BKA sollte mehr dagegen tun!

Das Aufsatzgerüst: Eine Grafik in einen Text umwandeln

Nun bist du an der Reihe. Du hast bereits so viel gelernt, dass du selbst einen Text verfassen kannst.

Computer-Sabotage

☛ *Einige Tipps:*

- Wenn du eine Grafik auswertest, ist es wichtig, diese genau durchzulesen.
- Vor allem ist nicht nach deiner Meinung gefragt. Dein Kommentar ist also in diesem Fall nicht gefragt, es sei denn, sie wird ausdrücklich verlangt.
- Auch darfst du nichts „hineininterpretieren", was sich nicht aus der Grafik ergibt.
- Daten darf man auch nicht verändern, sondern muss sie so nehmen, wie sie sind, auch wenn es nicht die eigene Auffassung ist.

Arbeitsauftrag 4:

Überlege dir, warum es Außenstehende leicht haben, an fremde Daten heranzukommen. Verfasse dazu einen Leserbrief.

Lösungshilfe: Dieser Arbeitsauftrag besteht aus zwei Teilen. Formuliere den ersten Teil als Frage. Der zweite Teil ist eindeutig.

1. _____

2. _____

☛ *Einige Tipps:*

- Bei vielen Textarbeiten hast du es bei der Stoffsammlung leichter, wenn du für dich einen Arbeitsauftrag als Frage formulierst.
- Suche dir „Schlüsselwörter", denn mit ihnen kannst du ein Thema erschließen.
- Mit einer treffenden Überschrift weckst du das Interesse am Lesen.

Lies zunächst einmal auf Seite 22 durch, was du bei einem Leserbrief beachten solltest. Übertrage einige wichtige Punkte oben in das Stichwortgerüst. Daran musst du also auf jeden Fall denken. Vor allem ist die Warum-Frage sehr wichtig.

Was meinst du dazu? Ist das wirklich die Lösung?

Einige Leitfragen:

Übertrage entsprechende Stichpunkte in das Stichwortgerüst.

- Wer sind denn Außenstehende?
  Denke dabei an verschiedene Bereiche: Haushalt – Wirtschaft – Verwaltung
- Wer kann im Haushalt an persönliche Daten herankommen?
- Wer kann in der Wirtschaft an Daten herankommen?
- Wer kann in der Verwaltung an Daten herankommen?
- Wer hat in der Wirtschaft mit Daten (dem Computer) zu tun?
- Wer hat in der Verwaltung mit Daten (dem Computer) zu tun?
- Warum ist es im Haushalt leicht, an Daten heranzukommen?
- Wie kann jemand im Haushalt an persönliche Daten herankommen?
- Wie kann jemand in der Wirtschaft an persönliche Daten herankommen?
- Wie kann jemand in der Verwaltung an persönliche Daten herankommen?
- Wie sind die Daten im Haushalt vor fremdem Zugriff gesichert?
- Wie sind die Daten in der Wirtschaft vor fremdem Zugriff gesichert?
- Wie sind die Daten in der Verwaltung vor fremdem Zugriff gesichert?
- Wann kann jemand an Daten gelangen? Denke an die drei Bereiche.
- Warum ist es in der Wirtschaft leicht, an Daten heranzukommen?
- Warum ist es in der Verwaltung leicht, an Daten heranzukommen?

„So, jetzt kann nichts mehr passieren!"

Das Stichwortgerüst: Stoff für einen Leserbrief sammeln

Im ersten Teil geben zwei Wörter den „Schlüssel" zur Erschließung des Problems. Schreibe sie am besten im Stichwortgerüst als Überschrift. Schreibe dann anschließend die Stichpunkte darunter, die dir einfallen.
Haushalt – Wirtschaft – Verwaltung

Warum? –

Haushalt:

Wirtschaft:

Verwaltung:

☞ *Ein Tipp:*

- Mit den W-Fragen kannst du auf einfache Weise ein Thema erschließen.

Computer-Sabotage

Eine treffende Überschrift finden

Was sagst du zu den folgenden Überschriften? Wecken sie das Interesse?

- *Der Computerklau geht um*
- *Die PC-Partisanen kommen*
- *Schutz vor lautlosem Terror*
- *Datenklauer unterwegs*

- *PC-Killer unterwegs auf der Datenautobahn*
- *Die Löcher im Datennetz*
- *Computerterroristen*
- *Der totale Computerschutz*

Das Aufsatzgerüst: einen Leserbrief verfassen

Verfasse jetzt zum Arbeitsauftrag Nr. 4 einen Leserbrief. Fasse verschiedene Stichpunkte dabei zusammen. Formuliere etwa zwanzig Sätze. Überlege dir eine treffende Überschrift.

Arbeitsauftrag 5:

Was können die modernen Partisanen? Nenne Beispiele.

Lösungshilfe: Im Text stehen viele Beispiele. Unterstreiche sie und übertrage sie hierher. Vielleicht weißt du noch mehr. Aus der Punktezahl kannst du schließen, dass acht Beispiele genügen (je ein halber Punkt).

-
-
-
-
-
-
-
-

Arbeitsauftrag 6:

Wie können sich Firmen, Einrichtungen und auch Privatpersonen vor Computer-Sabotage schützen? (Umfang ca. eine Seite)

Lösungshilfe: Der Arbeitsauftrag ist zwar dreigeteilt, aber Firmen und Einrichtungen könnte man zusammenfassen, weil die Möglichkeiten gleich sind. Die Computer-Sabotage bezieht sich aber nicht nur auf den Zugang zum Datennetz. Auch über Disketten können Computer im Alltag beeinflusst werden.

Einige Stichpunkte: *Disketten an einem sicheren Ort aufbewahren – geeignete Vorsorgemaßnahmen – Passwortschutz – kein leichtfertiger Umgang mit Soft- und Hardware – mehrere Sicherungskopien anfertigen und getrennt aufbewahren – keine Fremdsoftware verwenden – Antivirenprogramm – Netzzugang beschränken – kein Dauerzugang am Datennetz – nur „Sicherheitspersonen" an Daten heranlassen – andere Vorsorgemaßnahmen – eigenen Computer für den Internet-Zugang bereitstellen – persönliche Passwörter nicht Unbefugten geben*

Das Stichwortgerüst: Arbeitsauftrag Nr. 6

Computer-Sabotage 89

Das Aufsatzgerüst: einen Bericht schreiben

Formuliere nun anhand des Stichwortgerüstes einen zusammenhängenden Text. Halte dich an das Stichwortgerüst. Schreibe am besten mit Bleistift, damit du verbessern kannst.

Einleitung: _____
_____
_____

Privatpersonen: _____
_____
_____
_____
_____
_____
_____
_____

Firmen und Einrichtungen: _____
_____
_____
_____
_____
_____
_____
_____
_____
_____
_____
_____
_____

Lösungsvorschläge

Die vorgegebenen Lösungsvorschläge sollen „Hilfe zur Selbsthilfe" sein. Sie helfen dir, selbst nach Lösungen zu suchen bzw. deine Lösungen zu überprüfen. Vielfach kann man es auch anders formulieren. Deshalb sind auch andere Lösungsbeispiele als die vorgegebenen möglich. Nicht bei allen Aufgaben werden Lösungen gebracht. Du sollst ja lernen, zuerst selbst nachzudenken und erst dann etwas mit eigenen Worten zu verfassen. Wenn du die Aufgaben selbständig bearbeitest, wird es dir in Zukunft leichter fallen, eine Textaufgabe zu verfassen. Bei einigen Aufgaben kommt es auf die richtige Schreibweise an. Diese Lösungen findest du deshalb direkt bei den jeweiligen Aufgaben. Damit dir die Zuordnung der Lösungsvorschläge leichter fällt, wurde die Arbeitsaufgabe auch mit aufgeführt. Die Antworten sind immer in kursiver Schrift.

Einführung in die Textarbeit

S. 5: Tagtäglich wirst du mit gedruckten Texten konfrontiert.
Denke daran, dass es sich nur um gedruckte Texte handelt. Richtig sind also:
Zeitungstext – Buchtext – Werbetext – Sachtext – gedruckter Brief – Werbebrief – Postwurfsendung – Buch – Text im Schulbuch

Sorgentelefon für die Jugend

S. 7: Nr. 1: *70 000 Hilferufe* – Denke aber daran, dass du das als Satz schreiben sollst.
Nr 2: **Zoff:** *Ärger, Streit, Unfrieden*
Frust: *Ärger, Betroffenheit, Enttäuschung, Frustration*
Hilferuf: *Anfrage, Aufschrei, Frage, letzte Möglichkeit, Notruf*
Bezugsperson: *Eltern, Vater, Mutter, Chef, Mitarbeiter, Lehrer(in), Freund(in)*

S. 8: Erkläre die folgenden Redensweisen. – Schreibe als Satz. Die Beispiele können durchaus aus deinem Lebensbereich sein.
Dampf ablassen: *sich aussprechen, aber auch im Sinne von: sich aufführen, toben*
etwas ausbaden: *für eine Sache büßen, bestraft werden*
das schwächste Glied sein: *in einer Gruppe die schwächste Person sein*
wo der Schuh drückt: *Sorgen haben*
kein Sterbenswörtchen erfahren: *etwas geheim halten*

S. 9: Fasse den Inhalt des ersten Absatzes in einem Satz zusammen.
In mehr als 70 000 Anrufen pro Jahr wurden Kinder und Jugendliche am Sorgentelefon ihre Nöte los.

S. 10: Wichtige Stichpunkte (Signalwörter)
1. Absatz: *70 000 – Hilferufe – Dampf ablassen*
2. Absatz: *persönliche Probleme – gemeinsame Lösung – zuhören*
3. Absatz: *isoliert – Arbeitslosigkeit/Streit – schwächstes Glied*
4. Absatz: *Angst – kein Sterbenswörtchen*
5. Absatz: *ohne Zuschüsse*

S. 12/13: Arbeitsauftrag Nr. 7 – Hier kommt es auf deine Meinung an. Die Leitfragen helfen dir weiter.

Mit Robotern leben

S. 27: Arbeitsauftrag Nr. 1 – Wie alt ist Gabriel Schwarz?
19 Jahre, 11 Jahre + 8 Jahre; (bringe die Zeilennummern und schreibe als Satz)

S. 28: Arbeitsauftrag Nr. 2 – Erstelle eine Gliederung zu dem Haupttext.
Hierbei gibt es mehrere Möglichkeiten. Sicherlich streichst du mehr an. Die wichtigsten Stichpunkte sind:
1. Absatz: *Roboter – Robbi*
2. Absatz: *Chef – bietet Getränke an – Limo – Bier – Wasser*
3. Absatz: *Gabriel Schwarz erzählt – elf Jahren – ersten Roboter – lästigen Hausarbeiten*
4. Absatz: *Butler I – erster Roboter – Sonnenkollektor – Ventilator – Lampenaugen blinkten – Mund*

Anhang 91

5. Absatz: *Jack the Ghost – Besucher erschrecken – sprechen – Dinge tun*
6. Absatz: *Ideen – Robbi – zwei Monate – Robbi II in Planung*

Für die Gliederung fasst du nun diese Signalwörter zusammen, z. B.:
- *Robbi bittet herein*
- *Begrüßung durch den Chef*
- *Gabriel Schwarz erzählt von sich*
- *Der erste Roboter: Butler I*
- *Jack the Ghost*
- *Robbis Hausarbeiten*

Eine Überschrift brauchst du in diesem Falle nicht zu finden, denn danach ist nicht gefragt.

S. 29: Fridolins Gliederung:
Eine Gliederung in dieser Kurzform ist ungeeignet. Der Leser kann mit ihr nichts anfangen. Sie ist zu allgemein.

S. 29: Arbeitsauftrag Nr. 3
Was bedeutet der Begriff „Kinderkrankheiten"? – *Anfangsfehler*
Weitere Beispiele: Viele neue Geräte, die auf den Markt kommen, haben Kinderkrankheiten und funktionieren noch nicht so richtig. Beschreibe zwei Beispiele. Es genügen jeweils zwei bis drei Zeilen.

S. 30: Arbeitsauftrag Nr. 4 – Im Text ist von mehreren Robotern die Rede. ...
Die drei wichtigen Aspekte sind: *funktionierenden – Zähle auf – Fasse zusammen*

Zähle die Roboter auf, die funktionieren. Schreibe sie in die linke Zeile. Ordne dann die Tätigkeiten zu.
Robbi: *öffnet die Tür, schließt die Eingangstüre, stellt sich vor, begrüßt den Gast, weist den Weg, putzt, wischt Staub, deckt den Tisch, räumt Tisch ab, öffnet die Autotür, schließt die Autotür, hängt Kleider auf, bringt auf Zuruf Dinge, spielt Schach, spielt Klavier*
Chef: *bietet drei verschiedene Getränke an, bringt Getränke, zwinkert mit den Augen, grinst, wackelt mit den Ohren, geht in ein anderes Zimmer*
Butler I: *verschafft Kühlung, blinkt mit den Lampenaugen, öffnet den Mund, verschluckt Kleinigkeiten, spuckt Kleinigkeiten wieder aus*
Jack the Ghost: *erschrak die Besucher, konnte sprechen, konnte bestimmte Dinge tun*

S. 31: Fasse jetzt im Aufsatzgerüst Tätigkeiten zusammen.
Robbi: *betätigt die Eingangstüre, stellt sich vor, begrüßt den Gast, weist den Weg, säubert, deckt den Tisch und räumt ihn ab, betätigt die Autotür, hängt Kleider auf, bringt auf Zuruf Dinge, spielt*
Chef: *bietet Getränke an, bewegt sich, geht in ein anderes Zimmer*
Butler I: *kühlt, blinkt, öffnet den Mund, verschluckt Kleinigkeiten, spuckt aus*
Jack the Ghost: *erschreckt Besucher, spricht, tut etwas*

S. 32: Oberbegriffe finden
Lösung: *etwas betätigen, säubern, spielen, Gebäude, für Ordnung sorgen, musizieren, sich bewegen, Getränke, Druckwerk, Schreibmaterial, Lampe (Beleuchtungskörper), Waage (Messgerät), Hohlkörper (Gefäß), verfeindet, Frechheit, Heiterkeit, Angeberei, Beilage, Gemüse, Obst, Auslage, Tier, Wassertier, Zahlen*

S. 33: Zusammenfassen – Hier gibt es viele Möglichkeiten. Ein Vorschlag:
- *Begrüßung durch den Roboter Robbi*
- *Der „Chef" bietet verschiedene Getränke an: Limonade, Bier und Wasser.*
- *Unter entsprechenden Geräuschen holt er ein Glas und füllt es, indem er aus allen Öffnungen seines Gesichtes Wasser hineinspritzt.*
- *Er bietet ihm ein Glas Wasser an.*
- *Der Chef geht.*
- *Gabriel Schwarz erzählt, wie er dazu gekommen ist: Er las viele Sciencefictionromane, zeichnete Pläne und bastelte.*
- *„Butler I" war sein erster Roboter. Er hatte Lämpchen, Motoren, einen Sonnenkollektor, einen Ventilator, rote Lampenaugen. Wenn er den Mund öffnete, verschluckte er Kleinigkeiten.*

S. 34: Arbeitsauftrag Nr. 5 – Schreibe auf, was du machen sollst.
1. den Satz zitieren – 2. beschreiben, was der Roboter alles konnte

Zu 1.: *„Jack the Ghost konnte sowohl sprechen als auch hilfreiche oder unliebsame Dinge tun, von denen noch heute so manche Verwandten ein Lied singen können."*
Zu 2.: Stichwortgerüst: Schreibe auf, welche Eigenschaften dieser Roboter haben sollte. Hierbei ist deine Fantasie gefragt.
hilfreiche und unliebsame Dinge tun

S. 35: Gliederung:
Überlege dir zu diesem Arbeitsauftrag eine passende Überschrift.
Gliederungspunkt „A": hilfreiche Tätigkeiten
1. – 3.   jeweils ein Beispiel aufzählen
   (drei Beispiele sollten es aber auf jeden Fall sein)
Gliederungspunkt „B": unliebsame Tätigkeiten
1. – 3.   jeweils ein Beispiel aufzählen
   (drei Beispiele sollten es aber auf jeden Fall sein)

Einen Schluss brauchst du nicht zu finden, denn dieser Absatz ist ja im ganzen Text mit eingebaut. Denke aber daran, dass es jeweils gleich viel Beispiele sind, damit die „Gewichtung" stimmt.

S. 36: Was würdest du daran aussetzen?
häufig gleicher Satzanfang („Wenn") – das Wort „sagte" ändern

S. 36/37: Bindewörter
Anreihende Bindewörter: Sie reihen Sätze oder einzelne Satzteile gleichwertig aneinander:
auch, desgleichen, hernach, außerdem, und, dann, sowie, überdies, weiter, endlich, zuletzt, abgesehen von, ferner, zudem, außer, ebenso, ebenfalls, genauso wie, des Weiteren, neben, unter anderem, zusätzlich, weiterhin, erst …, dann, nicht nur …, sondern auch
Begründende Bindewörter: Sie begründen einen vorausgehenden Satz oder Satzteil:
da, demnach, nämlich, doch, mithin, ja, weil ja, also, weil, somit, denn
Folgernde Bindewörter: Sie leiten eine Folgerung aus einem Satz oder Satzteil ein:
daher, mithin, folglich, also, demzufolge, deshalb, somit, demnach, so, darum, deswegen, mithin
Ausschließende Bindewörter: Sie stellen einen Satz oder Satzteil einem anderen entgegen:
doch, jedoch, oder aber, andernfalls, sondern, ansonsten, hingegen, gleichwohl, dennoch, dagegen, aber, trotzdem, indessen, sonst, allein, vielmehr, andererseits, oder, obwohl, zwar… aber, entweder … oder
Wechselnde Satzanfänge:
Zuerst, Dann, Danach, Anschließend, Darauf, Kurze Zeit später, Nachdem, Zunächst, Schließlich, Und dann, Endlich, Zuletzt, Bevor, Daraufhin, Wenn …, dann …, Je …, um so mehr …

S. 37: Sätze verbessern
1. Fünf mal solltest du die „Wenn"- Sätze zumindest verbinden.
2. Wortarbeit: *machte – sagte – Kleidungsstück*

S. 38: Zwei Tipps, was du noch verbessern kannst:
zwei Sekunden – wartete geduldig auf den Gast

S. 38: Arbeitsauftrag Nr. 6 – Der Arbeitsauftrag ist dreigeteilt. Schreibe die drei Teile heraus.
Warum Eltern von ihren Kindern Hausarbeiten verlangen
Wie ihre Kinder reagieren
Finde Lösungsmöglichkeiten, die beide zufrieden stellen

W-Frage erster Teil: *Warum?*
W-Frage zweiter Teil: *Wie?*

Aus dem Text ergibt sich eine dreigeteilte Gliederung:
a) aus der Sicht der Eltern
b) Reaktion der Kinder
c) Lösungsmöglichkeiten

Anhang 93

Raser sollen blechen

S. 43: Arbeitsauftrag Nr. 2 – Was ist eine Reform? Umrahme die richtige Erklärung.
Richtig sind: Umgestaltung und Neugestaltung. Eine Reform will nämlich etwas ändern.

S. 45: Arbeitsauftrag Nr. 4 – Der Aufruf ist gerichtet an:
jugendliche Moped- und Motorradfahrer – überhöhten Geschwindigkeit – im Straßenverkehr – gewarnt werden

Blauer Dunst – Schein und Wirklichkeit

S. 49: Umrahme die Erklärungen, die zutreffen.
Einstiegsalter: Alter, mit dem man mit einer Sache beginnt – Beginn einer Sache
Passivraucher: Person, die ungewollt mitraucht – unfreiwilliger Mitraucher
Ein Nichtraucher kann, muss aber nicht auch ein Passivraucher sein.

S. 50: Ich möchte wissen, …
Denke daran, dass es einmal eine männliche und einmal eine weibliche Person ist.
Bei den Fragen gibt es mehrere Möglichkeiten, so dass wir dir keine vorzugeben brauchen. Ebenso bei den beiden folgenden Übungen.

S. 51: Wortfelder (manche können mehrmals vorkommen)
sagen: aussagen, äußern, behaupten, bekennen, dagegenhalten, dagegenreden, dawiderreden, dazwischenrufen, dazwischenwerfen, der Meinung sein, einwenden, einwerfen, entgegenhalten, entgegnen, entkräften, erklären, erwidern, finden, geständig sein, gestehen, glauben, kontern, Kontra geben, meinen, mitteilen, offenbaren, protestieren, Veto einlegen, vorbringen, widerlegen, widersprechen, zu bedenken geben, zugeben
antworten: aufbegehren, aussagen, beantworten, Bescheid geben, dagegenhalten, eingehen auf, Einwände erheben, Einwände machen, einwerfen, entgegenhalten, entgegnen, kontern, Kontra geben, reagieren, versetzen, widersprechen, Widerspruch erheben, zurückgeben, zurückschießen
fragen: anklopfen, antippen, ermitteln, eine Auskunft erbitten, eine Frage stellen, eine Frage aufwerfen, eine Frage vorlegen, eine Frage richten (an), eine Frage vorbringen, um Auskunft bitten, zu Rate ziehen, befragen, konsultieren, um Rat fragen, sich wenden (an), sich absichern, sich erkundigen, herumhorchen, nachfragen, sich umhören, sich umtun, sich versichern, Erkundigungen einziehen, drängen, Erkundigungen einholen, anflehen, angehen (um), anrufen, ansprechen (um), ansuchen, sich ausbitten, bedrängen, beschwören, bestürmen, betteln, bitten, erbitten, erflehen, ersuchen (um), flehen, nachsuchen,

S. 54: Ordne die Auswirkungen zu.
Kopf: Kopfschmerzen
Augen: Bindehautreizung, Bindehautentzündung
Zähne: gelber Belag
Mundbereich: Zungenkrebs, Lippenkrebs, Kehlkopfkrebs
Bronchien und Lungen: Schleimauswurf, Luftknappheit, Raucherhusten, chronische Bronchitis, Lungenkrebs, Atemnot
Magen: Magengeschwüre, Magenkrebs
Darm: Darmkrebs
Hände und Finger: Zittern, Kältegefühl, gelbe Finger, Durchblutungsstörungen, Absterben von Fingern
Beine: Kältegefühl, Durchblutungsstörungen, Raucherbein
Gehirn: Durchblutungsstörungen, Schlaganfall, Gehirnschlag
Haut: Durchblutungsstörungen, großporige Haut, Blässe
Herz: Herzinfarkt, Durchblutungsstörungen, Bluthochdruck, Kreislaufbeschwerden
Frauen: Neigung zu Früh- und Todgeburt, niedrigeres Geburtsgewicht der Kinder

S. 55: Im ersten Satz sind zwei Wörter wichtig.
irreführend und *Werbung*

S. 56: Der Arbeitsauftrag ist dreigeteilt:
1. Frage: Warum fangen Jugendliche mit dem Rauchen an?
2. Vorteile des Nichtrauchens
3. Nachteile des Rauchens

S. 58: Einen Brief schreiben
Halte dich ruhig an die Vorgaben, dann fällt es dir leichter. Bringe aber auch eigene Tipps.

Vorurteile

S. 61: Schreibe wichtige „Signalwörter" heraus.
Meinungen – Überzeugungen – ohne sorgfältige Prüfung oder genaue Überlegung – …
Mache es genauso mit den anderen Erklärungen.

S. 62: Zitiere und finde weitere Beispiele.
Schule, Arbeitsplatz, Straßenbahn, andere Verkehrsmittel, Nachbarschaft, Familienkreis, Freundeskreis, Clique, am Urlaubsort, … – eigentlich überall

S. 63: Nimm kritisch dazu Stellung und mache einiges im Aufsatzgerüst besser.
Harald hat manches zu allgemein geschrieben.

S. 64: Gegenüberstellungen
Denke zuerst daran, warum es zu einem Urteil (z. B. eines Straftäters) kommt. Dann kannst du leichter vergleichen.

S. 66: Der Arbeitsauftrag ist zweigeteilt:
große Gefahr für die Gesellschaft – Überwindung von Vorurteilen

S. 67: Vorschläge:
Gefahr für die Gesellschaft: *Vorurteile führen zu Streit – zerstören das Miteinander – haben zu Kriegen geführt – haben Feindbilder geschaffen – führen zur Unterdrückung von Menschen – Beispiele: Juden im Dritten Reich*

Wie überwinden? *Vorurteile in Zeitungen, Zeitschriften, Funk und Fernsehen aufdecken – ausländische Mitschüler aus ihrer Heimat berichten lassen (z. B. Religion, Feste, Lebensgewohnheiten) – Einen Briefpartner im Ausland suchen und ihn besuchen – Städtepartnerschaften – Mut zeigen – Engagement für die richtige Sache – sich freimachen von festgefahrenen Meinungen – Abbau von Klischees – ständiges Überprüfen der eigenen Meinung – einen Menschen so zu sehen, wie er ist – auch einmal gegen ein Vorurteil kämpfen – andere auf ihre Vorurteile aufmerksam zu machen – Abbau von Angst – sachliche, umfangreiche Information – kritisches Überprüfen von Vorurteilen – genaues Beobachten der „Vorurteilsträger" – Unvoreingenommenheit gegenüber einem anderen Menschen – Information über Minderheiten und ihre Probleme – Korrektur der eigenen Meinung – nicht gleich beleidigt sein, wenn jemand eine andere Meinung hat – einen anderen so behandeln, wie man von ihm auch behandelt werden möchte – in einem Menschen nicht den Gegner, sondern den Menschen sehen – echte Toleranz zeigen – Anerkennung des Andersseins – Anerkennung des Andersartigen – Verständnis – Versöhnung – Gespräche suchen – gemeinsame Feste – Jugendaustausch – Offenheit – Sachlichkeit – Interesse – Reisen – Zusammenarbeit*

Kinder machen Autoklau zum Nervenkitzel

S. 71: Erkläre die folgenden Begriffe aus dem Textzusammenhang.
Auto-Kinder: *Jugendliche, die ohne Fahrerlaubnis fahren*
Joyrider: *jugendliche Autoknacker*
Anklagebehörden: *Staatsanwaltschaft*
anonym: *unbekannt – ungenannt*
Formuliere hiermit jeweils einen Satz.

S. 71: Stichpunkte herausschreiben
Geschwindigkeitsrausch – Ich bin der Fuchs und die Polizei jagt mich – ist für manche Jugendliche zum Sport geworden – Sie reagieren so ihren Frust über Arbeitslosigkeit, Misserfolg und andere Probleme ab – erklären die Taten dieser Jugendlichen als Ausdruck seelischer Not – wollen auf sich aufmerksam machen – weil sie anonym bleiben

S. 72: Satzteile umformulieren
über die fast leeren Straßen rasen – zu Schrott fahren – am Straßenrand stehen lassen – die Anzeigen häufen sich (Häufung von Anzeigen) – bei einem Unfall ums Leben kommen – in den Tod rasen – aus dem Fahrzeug geschleudert werden – unter „Bewachung" eines Sozialarbeiters kommen – gerichtlich belangen dürfen – zum Sport werden – sich abreagieren – auf sich aufmerksam machen (wollen) – anonym sein – ratlos gegenüberstehen – von der Straße geholt werden – wieder rückfällig werden – einer Sache entgegentreten

S. 72: Stichpunkte kürzen
Geschwindigkeitsrausch – den Verfolgten spielen – „Sport" – den Frust über Arbeitslosigkeit, Misserfolg und andere Probleme abreagieren – Ausdruck seelischer Not – auf sich aufmerksam machen – anonym sein

S. 73: Zitieren
Autos klauen ist für mich wie eine Fuchsjagd. Ich bin der Fuchs und die Polizei jagt mich.

S. 73: Gliederungspunkte
Autobesitzer: *hat für einige Zeit kein Fahrzeug – muss evtl. Schaden selbst tragen – hat Schäden am Fahrzeug*
Jugendlicher: *wird evtl. verletzt – wird evtl. getötet – wird zum Straftäter – wird kriminell – ist evtl. vorbestraft – evtl. bleibende Schäden – wird evtl. Serientäter – wird es wieder tun*
seine Familie: *muss den Spott anderer Leute ertragen – hat einen Kriminellen in der Familie*
Versicherungsgesellschaften: *tragen unnötige Kosten – wälzen Kosten auf Versicherungsnehmer ab – höhere Versicherungsbeiträge*
Gesellschaft: *trägt unnötige Kosten – Polizei kann sich nicht mit anderen Sachen beschäftigen – hat mehr Kriminelle – muss evtl. Schäden tragen, wenn kein anderer aufkommt*

S. 75: Anreihende Bindewörter findest du an anderer Stelle in diesem Buch. Wenn du dir nicht sicher bist, schlage dort nach (s. S. 36).

Computer-Sabotage

S. 79: Erkläre die folgenden Begriffe mit eigenen Worten.
a) Änderung von digital abgespeicherten Daten b) kriminelles Handeln, um in fremden Computern einzudringen und Daten zu manipulieren c) Computerfachmann, der z. B. Zugangscodes knackt d) Abkürzung aus „high technology" (Spitzentechnologie, Technologie, die neueste Forschungsergebnisse insbesondere aus dem Bereich der Mikroelektronik anwendet) e) Abkürzung für Personal Computer Netzwerk f) Kaufhaus, in dem man per Computer und einem Modem einkaufen kann

S. 80: Zeichen und Abkürzungen lesen
Paragraf – Bundeskriminalamt – Personal Computer – Absatz – erster Absatz – Paragraf 303a

S. 80: Signalwörter: Diese Wörter solltest du unterstreichen, evtl. ein paar mehr.
Computerviren, Sabotageprogrammen, arbeiten in eigenen Wohnung, über ihren Computer, gefälschten Zugangscodes, manipulieren, kontrollieren Nachrichtenfluss in Datennetzen, Schäden, strafbar, Jährlich steigen angezeigten Straftaten: mindestens 30 Prozent, In meisten Fällen nicht angezeigt, Computersysteme schlecht gesichert, können Terroristen mehr Schaden anrichten als mit Bombe, totale Sicherheit Illusion, Kennwörter knackbar, Programme beobachten automatisch Datenstrom im Computernetz, Buchstabenfolgen

S. 82: Ergänze den Text.
zwei – waagerechte Achse (= horizontale Achse) – senkrechte Achse (= vertikale Achse) – Waagerechte – Senkrechte

S. 83: Eine Grafik lesen – Einsetzen in dieser Reihenfolge:
Datenklau macht BKA zu schaffen – grober Anhaltspunkt – viel – Computersabotage / Datenveränderung nehmen zu – 1992 – 1993 – 1994 – Jahreszeitraum – drei – Graf – aufgeklärten Fälle – Jahreszeitraum – vertikalen Achse – 50 – 50 – 100 – 150 – 200 – wie viel – einzelnen – 37 – 50 – 58 – die Anzahl weiterhin steigt – erfassten – 105 – 137 – 188 – die Anzahl weiterhin steigt – die erfassten Fälle höher sind als die aufgeklärten – die erfassten Fälle stärker ansteigen als die aufgeklärten – die Computersabotage steigt stärker

S. 84: Schreibbeispiele
In einigen Beispielen stimmt einiges nicht. Vor allem ist nicht nach deiner Meinung gefragt. Auch darfst du nichts „hineininterpretieren", was sich aus der Grafik nicht ergibt. Daten darf man auch nicht verändern. Dein Kommentar ist also in diesem Fall nicht gefragt.

S. 85: Dieser Arbeitsauftrag besteht aus zwei Teilen:
Warum haben es Außenstehende leicht, an fremde Daten heranzukommen?
Einen Leserbrief dazu verfassen

S. 86: zwei „Schlüsselwörter":
Außenstehende – leicht

S. 87: Was sagst du zu den folgenden Überschriften?
Die meisten Überschriften beziehen sich nicht auf das Thema, nämlich die Möglichkeit Zugangscodes zu fälschen.

S. 88: Im Text stehen viele Beispiele.
sie dringen mit elektronisch gefälschten Zugangscodes in Computer ein – sie zerstören Daten – sie manipulieren fremde Rechner – sie können den internationalen Flugverkehr zusammenbrechen lassen – sie können Arztdiagnosen verändern – sie können Simulationen in Forschungslabors verändern – sie können mit „gelesenen" Kreditkartennummern anderer PC-Benutzer in virtuellen Kaufhäusern einkaufen gehen – sie können das Militär abhorchen – sie können Telefone abhören – sie können den Datenfluss manipulieren – sie kontrollieren den Nachrichtenfluss in Datennetzen – sie können Zugangscodes knacken – sie können Passwörter herausfinden – sie können Daten zerstören

Wenn du die vielen Tipps beachtest, hast du es leichter! Tschüss